思春期のこころと身体Q&A ❷

# いじめ

――10歳からの「法の人」への旅立ち――

村瀬 学 著

ミネルヴァ書房

いじめ──10歳からの「法の人」への旅立ち　目次

序章　「法の人」とは ……………………………………………………… 1

## 第1章　「いじめ」とは──「いたずら」や「ふざけ」との違い ……… 9

**Q1** 「いじめ」が起こる「教室」というものをどう考えればいいのでしょうか。
　　　何が起こっているのか ………………………………………… 10

**Q2** 教室の持つ二重性──「教育の場」と「法の場」とは。
　　　「教室」とは？ ………………………………………………… 12

**Q3** 文部科学省の「いじめ」の定義はどう変わってきたのでしょうか。
　　　心身の苦痛の定義 ……………………………………………… 16

**Q4** 文科省以外の「定義」はどうなっていますか。
　　　「裁き」と「制裁」 …………………………………………… 18

**Q5** いじめを考えるために、童話『カイロ団長』がおすすめと聞きましたが。
　　　違法なこと ……………………………………………………… 20

**Q6** いじめのきっかけは「違反」を見付けるところから、というのは。
　　　子どもたちの「法的な活動」 ………………………………… 22

**Q7** 「自分たちの正義からするいじめ」というのは。
　　　「正しさ」の基準 ……………………………………………… 24

**Q8** いじめは世界中の国で起こっているのですか。
　　　差別といういじめ ……………………………………………… 25

**Q9** 「福島原発事故によるいじめ」と「ノルウェー77人殺害テロ事件」に共通するものは。
　　　「違反」「違法」の印 ………………………………………… 27

　　　　コラム　「窓をあけて下さい」 ............................................. 29

## 第2章　10歳からの旅立ち——「法の人」となる ............................................. 31

**Q1**　いじめの始まる年齢はいつ頃ですか。
　　　　「法」の意識 ............................................. 32

**Q2**　「ギャング・エイジ」と呼ばれる時期は10歳頃から
　　　　でしょうか。
　　　　集団的組織的行動 ............................................. 33

**Q3**　「ギャング・エイジ」の特徴は。
　　　　「掟」の意識 ............................................. 35

　　　　コラム　田舎の男の悲劇 ............................................. 37

## 第3章　「先生の力」とは何か——「法の人」を育てる ............................................. 39

**Q1**　「怒らない」という先生はなぜダメなのですか。
　　　　先生の命令 ............................................. 40

**Q2**　「先生の力」について、先生が勘違いをしていることは。
　　　　まとめる力 ............................................. 42

**Q3**　教室につくる「広場」と「法の人」を育てることとの関係は。
　　　　解決と修復 ............................................. 47

## 第4章　「葬式ごっこ」——中野富士見中いじめ自殺事件を考える ............................................. 49

**Q1**　なぜ「葬式ごっこ」を考えることが大事なのですか。
　　　　教師も署名 ............................................. 50

- **Q2** 具体的にどのような経過をたどった事件ですか。
  - 暗黙の掟 ……………………………………………………… 52
- **Q3** 鹿川君が「自死」を決意する一番のきっかけは何だったのですか。
  - 居場所がない ………………………………………………… 58
- **Q4** 鹿川君の「自死」の直後に起こったもう一つの重要な出来事とは。
  - 鹿川二世 ……………………………………………………… 63
- **Q5** 警察に関わっていくことの意味は。
  - 大人法と「子ども法」 ……………………………………… 66
- **Q6** この事件から学ばなければいけなかったことは何ですか。
  - 警察の介入 …………………………………………………… 68
- コラム　M.フーコーの新しい権力観 …………………………… 70

## 第5章　「NEXT」──「佐世保小六女児同級生殺害事件」を考える …… 71

- **Q1** この事件は、いじめというより「殺人事件」ですが、なぜ「いじめ」問題として取り上げるのですか。
  - 制裁が殺人となった ………………………………………… 72
- **Q2** A子は詩を書いているのですが、詩からA子の心情は読み取れますか。
  - 「許せない」 ………………………………………………… 76
- **Q3** とても仲良しだった二人なのに、なぜ関係は険悪になっていったのですか。
  - NEXT ………………………………………………………… 82
- **Q4** A子は他にもたくさん詩を書いているのですが、詩からA子の大きな変化は読み取れますか。
  - 「法」と「罰」 ……………………………………………… 90

**Q5** この事件から学ばなければいけなかったことは何ですか。
　　　　「法的には無効」 ……………………………………………………… 95

　　コラム　「お父さんにぼう力を受けています」 ……………………… 98

## 第6章　いじめへの対策──「二分の一成人式パスポート」 …… 99

**Q1** なぜ「10歳」が大事なのですか。
　　　　先生に見えないもの ……………………………………………… 100

**Q2** 斎藤次郎『気分は小学生』は、どんな内容の本ですか。
　　　　56歳の小学生 ……………………………………………………… 102

**Q3** なぜ「先生の代行」には「力」があるのですか。
　　　　先生の強制力 ……………………………………………………… 104

**Q4** 「子ども法」の二つの側面とは。
　　　　公共と仲間内 ……………………………………………………… 106

**Q5** 「ごっこ」という考え方は良くないのですか。
　　　　シミュレーションの危うさ ……………………………………… 110

**Q6** 「公共の場」は生まれてくる？
　　　　授業の力 …………………………………………………………… 112

**Q7** 「いじめる子」とは、どういう子でしょうか。
　　　　『いじめをする子との対話』 ……………………………………… 113

**Q8** 「クラスの力」を「先生の力」にするとは、具体的にはどういうことをするのですか。
　　　　王様の命令 ………………………………………………………… 129

**Q9** クラスの話し合いの前提となる「六つの合意」について教えて下さい。
　　　　インフォームド・コンセント …………………………………… 134

- **Q10** 二分の一成人式パスポートについて教えて下さい。
  - 法の世界に入るためのパスポート ……………… 143
- **Q11** 文科省の指導する年2回のいじめアンケートの結果は、どのように処理されているのでしょうか。
  - いじめは止んでいる？ ……………… 147
- **Q12** 文科省は「クラス会」ではなく「道徳の授業」でいじめ対策を考えることを奨励していますが、これに問題点はあるのでしょうか。
  - 対策と感想 ……………… 149
- **Q13** 「クラス会（広場）」を活用している学級では、道徳の教材はどのように見えるでしょうか。
  - 「解決」を考える ……………… 153
- **Q14** 「なぜ、いじめは絶対にダメなのですか」という質問の問題点は。
  - いじめは犯罪 ……………… 156
  - コラム　宮沢賢治のいじめ論 ……………… 160

## 第7章　10歳からの「法」──「少年法」との関わりについて ……… 163

- **Q1** 10歳から始まる様々な力について教えて下さい。
  - 言い分の比較 ……………… 164
- **Q2** 「比較」が始まると変わることは。
  - 「劣・負」を嗅ぎ取る ……………… 167
- **Q3** 「掟＝子ども法」をつくり出す子どもたちの心理とは。
  - 見えない時間 ……………… 168
- **Q4** 教室にある三つのルールとは。
  - 共有意識 ……………… 170

**Q5** 広場から生み出される「子どもたちの力」とは。
　　　仲立ちの仕組み ……………………………………… 174

**Q6** 友だち関係のこじれを修復するには。
　　　特別クラス会 ………………………………………… 177

**Q7** 「いじめ防止対策推進法」の問題点は。
　　　ミニチュア版 ………………………………………… 179

**Q8** いくつもの自分に分かれる体験とは。
　　　「公共の人」つくり ………………………………… 186

**Q9** 10歳頃に始まる自分実現への動きとは。
　　　変身の物語 …………………………………………… 187

## 第8章　学校と警察との関係はどう考えるのか
　　　――「連携」の本当の意味 ……………………………… 191

**Q1** 2013年に文部科学省が出した「学校と警察等との連携」という文章は、どう考えればいいでしょうか。
　　　まずは「相談」から ………………………………… 192

**Q2** 警察との連携を考える際の二つの視点とは。
　　　警察が動く時 ………………………………………… 194

**Q3** 2015年、神奈川県教育委員会の出した「学校警察連携制度ガイドライン」（改正版）の要点を教えて下さい。
　　　連携が先にありき …………………………………… 199

**Q4** 一人ひとりが「法の人」としての「力」を付けるには、どうすればいいでしょうか。
　　　本当に大事なこと …………………………………… 203

**Q5** 取り戻すべき先生の力とは。
　　　「先生の力」を支える力 …………………………… 205

## 第9章　いじめと少年法と警察と──「子どもの権利条約」 ……… 207

**Q1** いじめと少年法はどう関わるのですか。
　　　14歳未満 …………………………………………… 208

**Q2** 少年法と警察との関係は。
　　　市民警察 …………………………………………… 215

**Q3** 漫画『こちら葛飾区亀有公園前派出所』の大人気はなぜ。
　　　牙をむかない ……………………………………… 219

**Q4** 少年警察活動とは。
　　　少年法と少年警察 ………………………………… 220

**Q5** 「子どもの権利条約」の弱点とは。
　　　少年法の弱点 ……………………………………… 225

　　　コラム　与謝野晶子の「いじめ」の話 …………… 234

## 第10章　「いじめ論」──本を読む、深くふかく読む ……………… 237

**Q1** 中井久夫「いじめの政治学」が重要なのはどういう点ですか。
　　　「子ども警察」「子ども裁判所」 …………………… 238

**Q2** 中井氏の有名な「いじめの三段階説」について説明して下さい。
　　　心理的メカニズム ………………………………… 240

**Q3** いじめの第二段階「無力化」とは。
　　　劣った人間 ………………………………………… 243

**Q4** いじめの第三段階「透明化」とは。
　　　選択的非注意 ················································· 245

**Q5** なぜ「教室」でこのような「いじめ」が起こるのですか。
　　　看守と囚人の関係 ············································· 248
　　　コラム　ラ・ボエシ『自発的隷従論』を読む ············ 257

## 終章　思想としてのいじめ ················································ 261

主要参考文献　266

索　引　273

本文レイアウト・作画　木野厚志（AND'K）
企画・編集　エディシオン・アルシーヴ

## 序章

# 「法の人」とは

● 「いじめ」と刑法第41条

　「いじめ」と呼ばれてきたものの「問題」の核心の部分がどこにあるのか、その全体像が本書でようやく提示出来たのではないかと思っています。その核心の部分は刑法第41条の条文から始まっている問題です。そこには次のように書かれています。

　（責任年齢）
　第四十一条　十四歳に満たない者の行為は、罰しない。

　もちろん多くの人が知っている条文で、今さら取り上げるのも恥ずかしいくらいですが、この誰もが知っている条文が「問題」だと言っている訳ではないのです。たまたま日本では、こういう条文になっているのですが、実は世界中の刑法にも、これに近い条文は必ずあるのです。これに近い条文というのは、罪を問う年齢の下限を決めるという条文です。それは各国が「知恵」を絞って考えてきた条文で、必ずどの国も「刑法で罰しない年齢」というものを考案してきているのです。そして実はそのことで世界中で「いじめ」という事態が「問題」になり、世界規模で大きな懸案事項になってきているところがあったのです。その「問題」も、共通して「ここ」から始まるものがあったからです。人類がよかれと思って作り出してきた、この「罪を問う年齢の下限」という「知恵」が、思いもよらない副作用を及ぼしてきているという「問題」です。そしてこの副作用は、世界中の国が現在抱えている深刻な課題なのです。そのことに気付くということが、とても大事なことだと、私は今、思っています。

　もう一度刑法の第41条を見て下さい。ここには「十四歳に満たない者」つまり「14歳の誕生日を迎えていない者」の行為は「罰しない」

とはっきりと書かれています。それは子どもたちを「守る」ためです。でもこの「罰しない」という規定を、私たちは（あるいは近代史はと言ってもいいのですが）どういうふうに受け留めてきたのでしょうか。文字通りに「罰しない」という意味に受け取ってきたのでしょうか、それとも、「罰しない」は比喩であって、「違う形で罰する」という意味で受け取ってきたということなのでしょうか。おそらく議論はつきないと思います。

● 『午後の曳航』の13歳

　この刑法第41条の条文の抱える矛盾、あるいは「人類史的な課題」にもっとも早くに気が付いていたのは作家の三島由紀夫だったと思います。彼は小説『午後の曳航』(1963) で、未亡人の母に言い寄る男を息子とその友だちで殺害する計画を立てさせています。そしてその時少年たちが確認するのが自分たちの年齢でした。彼らは「14歳の誕生日を迎えていないこと」つまり「13歳」であることを確認しあって「犯行」に及びます。人を殺しても、「13歳」であれば「罰せられない」という判断です。そして小説では、次のような子どもたちの恐しい「言い分」が書かれます。

　　いいかい。読むから、よく聴くんだぜ。「刑法第四十一条、十四歳ニ満タザル者ノ行為ハ之ヲ罰セズ。」これが大体、僕たちの父親どもが、彼らの信じている架空の社会が、僕たちのために決めてくれた法律なんだ。この点については、彼らに感謝していいと僕は思うんだ。これは大人たちが僕らに抱いている夢の表現で、同時に彼らの叶えられぬ夢の表現なんだ。大人たちが自分で自分をがんじがらめにした上で、僕たちには何もできないという油断のおかげで、

ここにだけ、ちらと青空の一トかけらを、絶対の自由の一トかけらを覗かせたんだ。それはいわば大人たちの作った童話だけど、ずいぶん危険な童話を作ったもんだな。まあいいさ。今までのところ、何しろ僕たちは、可愛い、かよわい、罪を知らない児童なんだからね。

『午後の曳航』新潮文庫、1968年。

「罰しない」という条文が、「大人たちの作った童話」「危険な童話」として嘲笑されています。この嘲笑は少年たちの「勝手」な理解でした。しかし「問題」は、少年たちが本当に「勝手に」そう判断したのか、「正しく判断した」のかはこれから大いに議論されるべきことだということは言っておかなくてはなりません。少年たちは、本書全体で問題にしようとしている領域を「童話」と呼んだのですから。

ところが誰が考えても、14歳になっていなければ、何をしても「罰を受けない」ということは通用しないのです。事実、そこに対応するように「少年法」が作られ、刑法では裁かれないが「非行」を起こす少年たちは、「児童相談所」や「家庭裁判所」への「保護処分」を課すルートのあることを示してきました。本書でもその流れは第9章で扱っています。しかしそれは「非行」と呼ばれることを行っている少年が「発見」された場合で、従来は学校の外の、遊技場などでたむろしたり、夜中の出歩き、万引き、窃盗、傷害、恐喝などで、大人たちに「発見」「補導」される少年たちでした。

この本で問題になっている「いじめ」は、そういう学校の外で、大人によって「発見」される「非行」ではなく、学校の教室の中で、先生や大人たちに「見えない」ところで起こる様々な卑劣な出来事のことでした。では、こういう所で起こる危険極まりない出来事に対して、

序章 「法の人」とは

いったい誰がどういう権限を持って、取り締まることが出来る対象になってきたのかは、実は多くの人が考えているほど明らかではないのです。そしてそのことは、世界中の学校が抱えてきていた問題で、そこにいじめの温床があったということなのです。しかし「この領域の子どもの法的な安全性」を本当に保障する機関は、まだどこにも、どの国にも設定されていないのです。なぜなら、この領域では「犯罪」が行われても「犯罪」とは認められず、「罰しない」と定められているからです。

そこをわかりやすく図にしておきます。

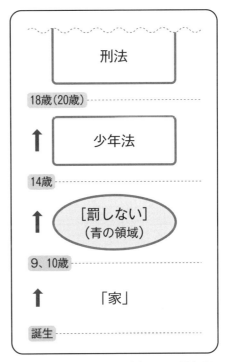

誕生から「大人法＝刑法」へ至る過程図
　14歳から「刑法」が適用されるが、「法」の意識は、9、10歳で芽生えている。

● 「青の領域」

　この図で大事なところは、網掛けをしている領域（「青の領域」と呼んでおきます。ピカソが「青」の深みに目覚めたところから拝借し、名付けました）を、誰がどのように見つめて来たのかという疑問の投げかけです。この「青の領域」に関わる人たちは、刑法第41条の「罰しない」という目で見つめてきたのか、それとも、そこに「非行」があれば少年法

の「目」で見たらよいと思ってきた領域なのか、それとも、学校や教師の「教育の力」で見る領域と思ってきたのか……というようなことなのです。はっきりしているのは、「教育の力」でこの「青の領域」がなんとかなるという思いでやってきている方がいるのなら、「いじめ苦」や「いじめ死」というおぞましいニュースが、なぜこの領域で、これほど長く世界規模で続いてきているのか、説明出来ないはずなのです。「教育の力」だけでは足りないものがあるから、これだけおぞましいことがこの領域で起こり続けていると考えるしかないのです。

　ということは、この「青の領域」が、「教育の力」では抑えられない「別な力」とともに動き始めていて、その「力」に気が付かないか、気が付いていてもその「力」とどのように向かい合えばよいのかわからないのか、そのことについて、教育関係者は素直に認め、熟考しなければならない時期に来ているのではないかということなのです。その「別な力」とは、私のいう「法的な領域」として動く力のことで、その力が「そこ」で生まれ始めているということの認識です。

● 「小さな法の人」

　私はこの動きの起源を（この「起源」については、多くの法関係者も含め、もっと議論してほしいと思うのですが）、9歳、10歳頃と想定しています。だから、ここから子どもたちは「法の人」になる準備を踏まえて「14歳」になってゆくイメージをしっかりとつくり上げなくてはなりません。しかし問題は「罰しない」と規定されている「青の領域」にいる子どもたちに、「法の人」になる「時期」を想定して、ここから始まるこの「小さな法の人」をしっかりと育ててゆくようなイメージを本当につくり出せるのかということです。

　その可能性は、子どもたちが、教師と自分たちでこの「青の領域」

期に自治（私はそれを「教室に広場をつくる」活動と呼んできました）が出来るような「教育態勢」をつくってゆけるかどうかにかかってきます。そしてその態勢をつくることが、「いじめ苦」「いじめ死」に向かい合う唯一の対応ではないかと私は考えてきました。

　私がこのことを突き詰めて考えるきっかけになったものは中井久夫氏の「いじめの政治学」（1997年）という論文でした、そこで中井氏は「子どもの世界には法の適用が猶予されている。しかし、それを裏返せば無法地帯だということである。子どもを守ってくれる『子ども警察』も、訴え出ることのできる『子ども裁判所』もない。子どもの世界は成人の世界に比べてはるかにむきだしの、そうして出口なしの暴力社会だという一面を持っている」と指摘されていました。

　私はこの論文を真正面から受け止め、ならば「子ども警察」のようなもの、「子ども裁判所」のようなものを考えることをもっと積極的にすべきではないかと思いました。

　本書は、中井氏の思いに対する私の精一杯の返答になるように書いたものです。

# 第1章

# 「いじめ」とは

──「いたずら」や「ふざけ」との違い

「いじめ」が起こる「教室」というものをどう考えればいいのでしょうか。
何が起こっているのか

教室は「教育の場」です。しかしそこは、いじめによる自殺者を出す「不気味」な場でもあります。教室には教育以外の"何か"があると、気付くことが必要です。

● 育ちの場

　教室に、生まれも育ちも違う生徒が30人近くいれば、感受性も、言葉使いも、容姿も、腕力も、経済状況も、ものの考え方、価値観、身の振り方も違います。そういう「違い」を持った生徒たちが、日々ともに学習し、遊び、育とうとする訳ですから、様々な意見のぶつかり、言い合い、喧嘩が起こらない訳にはゆきません。いたずらやおふざけは日常茶飯事ですし、時には悪口を言ったり、身体を叩いたりすることもあるでしょうが、いちいちそういうことを「いじめ」とは言ってきませんでした。

　生徒たちは、教室での暮らしを黒板を向いて過ごすだけにしたくない訳で、同時にまた、楽しく過ごしたいので、そこで面白くする工夫を日々探して過ごしているのが実情です。面白い話題やネタを持ち寄り、歌や踊りを持ち込み、からかったり、からかわれたりするようなことを繰り返しながら、「場を盛り上げる」生徒も出てきます。予想どおり面白がられることもあれば、気分を害されることも起こります。喧嘩になり、もめごとやいざこざも起こります。でも、そういうきつい衝突を避けるためにも、生徒たちは、ふざけ合ったり、いたずらをして戯れたりすることで、場を和ませる工夫もしています。そこで、

笑ったり、泣いたり、怒ったり、和んだり、共感したりして、教室を育ちの場にしてきているのです。

● 「いじめ死」

　ところが、そんな教室の中から、いじめを苦にして自殺する生徒が出てくるに至り、一体教室では何が起こっているのかが「問題」になり始めました。たかが遊びだとか、喧嘩だと言って済ませてきたことの中に、生徒たちを「死」へ追い込む何か不気味な仕組みのあることが察知され始めてきたのです。でもその「不気味な仕組み」が何なのかは、教育者や研究者には、うまく捉えられないままに今日まで来ていたと私は思います。

　というのも、私たちは、学校とか教室という場を見る時に、そこは「教育の場」であると、どうしても先入観として見てしまい、それ以外の動きが同時にそこで進行していることにうまく気付くことが出来てこなかったと思われるからです。そのことに、まず気付く必要があるのではないか、この本で訴える、最大の課題はそこにあると思っています。

　学校や教室を「教育の場」として見れば、そこで起こる学びも遊びも喧嘩も、生徒たちをともに育てるものになるはずでした。しかしどうも学校や教室というものは、そういうふうにゆかない動きも抱えてきていたのではないか。そのことを考えるきっかけが、多くの生徒の「いじめ自殺」だったのではないかということです。

教室の持つ二重性——「教育の場」と「法の場」とは。

「教室」とは？

 教室の持つ「二重性」が、「いじめによる自殺」を生んでいます。いじめは教室が「教育の場」でありつつ「法の場」として意識される中で起こる出来事なのです。

● 「法の場」での出来事

　生徒を豊かに育てるはずの教室という場が、同時に生徒を「死」に追い込む場にもなっている、これをどのように考えたらいいのでしょうか。生徒を「死に追い込む」場というのは、普通に考えると、「法の場」ということになると思います。「法の場」は、人に「死」を与えることが出来ます。たとえ実際は「無罪」であっても、「法廷」で「死罪」が宣告されると、その人には「死」が与えられてしまうのです。

　そしてある意味では、「教室」には、「無実」の生徒に理由を付けて「死」を宣告する仕組みがあるのではないかというのが私の主張です。それは教室が、「教育の場」でありつつも、「法の場（後に詳しく見る「子ども法」を使う場という意味です）」としても存在する、そういう二重の仕組みを持っているのではないかという主張です。

　まさか小学校の教室に「法の場」があるなんて想像も出来ない、と思う人がいるかも知れませんが、そういう見方が支配してきたからこそ、教室から始まる残忍な「いじめ死」への徴候を察知出来ずに、事態を深刻化させてきた経過があったのです。そのことを指摘するのが、この本の大きな特徴です。

　生徒たちは、教室を「教育の場」として過ごしている時は、叩かれ

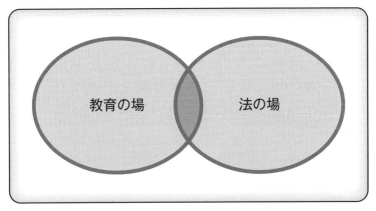

図1−1　教室の二重性

たり悪口を言われることがあっても、それも成長には必要なことだというふうに、肯定的に見られることがありましたし、事実、そういうふうに見られてもよい側面はたくさんありました。しかし、同じように見える「ふざけ」や「戯れ」が、「法の場」の出来事として生徒たちに認識されていたら、そういう「ふざけ」や「戯れ」が、「死」に向けて仕掛けられていることもあったのです。

　教室で行われた「葬式ごっこ」と呼ばれた事件もそうでした。ある生徒や先生にとっては「悪ふざけ」であり、「ドッキリ遊び」のように見えていても、別の生徒からすれば、それが「法の場」としての「裁き」の性格を隠し持っていることもあり得るのです。こういう事件も教室を「教育の場」と「法の場」の二重性（図1−1）として捉えなければ、大事なところは見えてこないのです。詳しい説明は、第4章の「事件となった事例」として顧みるところで紹介したいと思います。

　もう少し身近な例をあげれば、「プロレスごっこ」があります。たとえば、明らかにひどい「プロレスごっこ」が教室の隅で行われてい

ても、先生がそれを見付けてとがめると、生徒たちは「遊んでいるだけ」「ふざけていただけ」と言います。プロレスの技を掛ける方も掛けられる方も口を揃えてそういうのですから、先生にとってはそれが「ふざけ合っている」のか「いじめ」なのかは見分けが付きません。そして「教育の場」として教室の活動を見る先生たちにとっては、結局生徒の言い分を信じるしかない訳です。しかし、生徒たちは、そういう「プロレス技」を通して、着々と「裁き」を与えていたということは、いくらでも起こり得るのです。その時、生徒たちにとって、教室は「法の場（裁きの場）」として意識されていたのです。

● **教室がなぜ「法の場」になるのか、わかりやすい例**

　教室の持つ二重の性格の一つとして「法の場」があることを指摘しているのですが、その最もわかりやすい例を示しておきます。この本では、文部科学省（以下、文科省）の「いじめ対策」の不備を後に指摘するのですが、文科省が各小中高で実施するように進めてきた「いじめアンケート」（表１－１）の項目は、いじめの様々な実態を簡潔にわかりやすく箇条書きにしているので、これ自体は重要なものです。これを先に紹介しておきます（第６章で、この項目をさらに具体的にしたアンケートも紹介して、そのもっと有効な使い方を一緒に考えます）。

　ただ、ここで基本的な項目だけを紹介するのは、もしこの項目が学校でのいじめではなく、大人の社会、職場、マーケットでの買い物の途中、電車の中、街角、近所での出来事として紹介されたら、みなさんはどう思われますか、という質問をしたいからです。きっと許せない、訴えてやる、と思われるでしょうし、実際にもそうされると思います。なぜなら、これらの項目は、大人の職場で起これはハラスメントですし、街中でされたら、傷害罪や窃盗、恐喝罪、名誉毀損などな

表1−1　文科省作成の「いじめアンケート」の項目

| | |
|---|---|
| ① | 冷やかしやからかい、悪口や脅し文句、嫌なことを言われる。 |
| ② | 仲間はずれ、集団による無視をされる。 |
| ③ | 軽くぶつかられたり、遊ぶふりをして叩かれたり、蹴られたりする。 |
| ④ | ひどくぶたれたり、叩かれたり、蹴られたりする。 |
| ⑤ | 金品をたかられる。 |
| ⑥ | 金品を隠されたり、盗まれたり、壊されたり、捨てられたりする。 |
| ⑦ | 嫌なことや恥ずかしいこと、危険なことをさせられたり、されたりする。 |
| ⑧ | パソコンや携帯電話等で、誹謗中傷や嫌なことをされる。 |

文部科学省作成「いじめアンケート」より改変引用。

どで訴えることの出来るものばかりだからです。

　こういうふうな対応を市民がするというのは、これらの項目が、大人の社会では「法の場」の中の出来事とみなされるからこそ、それ相応の罪を求めるのが当然だと思われているからです。

　ところが、これらの項目が、大人社会ではなく、教室で起こったこととなると、とたんに「いじめ」の項目とみなされるのです。大人であれば耐えられないような項目が、ほとんどの学校では年に２回ほどのアンケートで済まされて、その結果も生徒のほとんどが知りません。なぜ、こういう大事なアンケートが、学校では活用されないかというと、学校や教室が「法の場」でもあることが、先生たちに意識されていないからです。だから「法の場」としても守ってあげられるような対応がとれていないのです。ここがとても「問題」なのです。いじめに「対策」があるとしたら、教室がいかに「法的な場」として、実際

に生徒たちに生かされているのかを本当にしっかりと認識してもらうことからしか始まらないのです。しかし教室を「法の場」と見る見方は、「少年法」を大事にする考え方からは、長い間タブーにされてきたものでした。そのことの問題点についても、第7章で、きちんと見てゆきたいと思います。

次に、文科省がいじめの定義をどのように考えてきたのかを先に紹介しておきます。

 文部科学省の「いじめ」の定義はどう変わってきたのでしょうか。

心身の苦痛の定義

 かつては自分より弱い者に対して一方的に苦痛を感じさせるものが「いじめ」でした。「いじめ防止対策推進法」では、いじめを受ける側が感じる苦痛が基準です。

● 「いじめ」定義の変遷

以下、年度によるいじめの定義の変遷を整理しておきます。

【昭和61年度からの定義】
「いじめ」とは、①自分より弱い者に対して一方的に、②身体的・心理的な攻撃を継続的に加え、③相手が深刻な苦痛を感じているものであって、学校としてその事実(関係児童生徒、いじめの内容等)を確認しているもの。

第1章 「いじめ」とは――「いたずら」や「ふざけ」との違い

【平成6年度からの定義】
　「いじめ」とは、「①自分より弱い者に対して一方的に、②身体的・心理的な攻撃を継続的に加え、③相手が深刻な苦痛を感じているもの。

【平成18年度からの定義】
　「いじめ」とは、①当該児童生徒が、一定の人間関係のある者から、②心理的、物理的な攻撃を受けたことにより、③精神的な苦痛を感じているもの。

【平成25年度からの定義】（いじめ防止対策推進法）
　「いじめ」とは、①児童生徒に対して、当該児童生徒が在籍する学校に在籍している等当該児童生徒と一定の人的関係のある他の児童生徒が行う、②心理的又は物理的な影響を与える行為（インターネットを通じて行われるものも含む）であって、③当該行為の対象となった児童生徒が心身の苦痛を感じているもの。

　　　　　　　　　　　　　　＊①②③の番号は村瀬による。

● いじめる者といじめられる者の関係性
　「定義」は、少しずつ変わってきていますが、大きく変わっているのは、①の「自分より弱い者に対して一方的に」仕掛けるものがいじめだという認識が消えて、それが「一定の人的関係のある者同士で」行われるものとされているところです。強い奴が弱い奴をいじめるのがいじめだという一面的な理解をなくそうとしているのがわかります。つまり、いじめ方や、加害者の意思でもって、いじめの有無を決めるのではなく、いじめを受ける側が感じる心身の苦痛に基準を置いて、いじめの有無を決めようとしているのがわかります。

文科省以外の「定義」はどうなっていますか。

「裁き」と「制裁」

 それは文科省の定義に似ています。研究者たちの定義を文科省が採用しているからです。教室の中に「裁く力」が育ってきていることに目を向けないからです。

● 研究者による定義と私の定義

では他の研究者による定義はどうなっているのでしょうか。

ここでは、もっとも取り上げられてきた森田洋司『いじめとは何か』に掲げられている「定義」を見ておきます。そこには次のように書かれていました。

　　いじめとは、同一集団内の相互作用過程において優位に立つ一方が、意識的に、あるいは集合的に他方に対して精神的・身体的苦痛をあたえることである。

どこかしら文科省の定義に似ていると感じられるのは、文科省がこうした研究者の定義を参考にして作ってきていたからだろうと思われます。ということは、この定義も、大事なところを見落としているところがあるのです。どこを見落としているのかというと、ひどくなるいじめを、「苦痛」というような、目に見えない、個人的な内面のものを基準にし、測ろうとしているところです。とくに「苦痛をあたえること」という理解の仕方は、いじめが根本的に誤解されるものになっています。なぜなのか。それは、森田氏に限らないのですが、従来の

研究では、教室の中に、人を裁く動きや人を裁く力が着々と育ってきていることを、きちんと見ることが出来ていないところに問題があったのです。それは「教育によって育つ子ども」が、同時に「法の人」としても育ってゆくことを見ることが出来ていないところです。そしてそういう研究者たちの不備が、文科省のいじめの考え方にも影響を与え、現場では役に立たない定義を少しずつ訂正するだけの年月を送ってきていたのです。特に教室に「病」を見ようとしたり(『新訂版 いじめ 教室の病い』)、教室に「悪魔」を見ようとしてきた(山脇由貴子『教室の悪魔 見えない「いじめ」を解決するために』)のは、教室に働く「法の力」を見誤らせることになっていったと思います。

それでは、「いじめ」はどのように定義されるといいのかということになります。私の「定義」は次のようになります。

「いじめ」とは、「法的な意識」を持ち始める生徒たちが、「自分たちの正しさ」を基準にして「違法者」を見付け、独自の「裁き」と「制裁」を実施する過程である。

この後の事例の分析を見てもらえば、この「定義」がもっとも現実的な定義であることがおわかりいただけるかと思います。

図1-1 村瀬学『いじめの解決 教室に広場を』言視舎、2018年。
　この本の「後編」が本書である。「子どもを傷付けるのが子ども同士であれば、子どもを守るのも子ども同士なのです」。子どもを守る"道筋"が「広場」である。

いじめを考えるために、童話『カイロ団長』が
おすすめと聞きましたが。

**違法なこと**

 この童話は「法の人」の理解に役立ちます。「とのさまがえる」のカイロ団長は、30匹の「あまがえる」に対して「法を犯したので警察に突き出す」と言います。

● 宮沢賢治の『カイロ団長』の視点

　いじめの起こる状況を考えるのに最もわかりやすい童話を一つ紹介します。宮沢賢治の『カイロ団長』です。あらすじは、こうです。

　仲の良い30匹のあまがえるたちが、虫の友だちから頼まれて、木の実や花を集めたり、公園を作ったりしています。ある日、帰り道に、一件のお店を見付けます。「舶来のウィスキー」などという珍しい飲み物を売っているとのさまがえるの店でした。そこにみんなで入り、粟粒をくり抜いて作った小さな小さなグラスで、その「ウィスキー」とやらを飲み、酔っ払って寝てしまいます。目が覚めると、とのさまがえる（その時から「カイロ団長」と名乗ります）から、その代金を支払えと、途方もない金額を要求されます。支払えないなら警察に突き出すというのです。あまがえるたちは、支払うお金がないので、その日からカイロ団長の「家来」になり、言われたとおりのきつい奴隷のような重労働をさせられることになります。しまいには「もう警察にやってください」と頼むまで辛くなります。すると、それを見かねた王さまから「新しいご命令」が下ります。「ひとにものを言い付ける方法」という命令です。それは「第一、ひとにものを言い付けるとき

は、その言い付けられるものの目方で自分のからだの目方を割って答を見付ける。第二、言い付ける仕事にその答をかける。第三、その仕事を一ぺん自分で二日間やって見る。以上。その通りやらないものは鳥の国へ引き渡す」というものでした。結局そういうことを、せざるを得ないことになったカイロ団長は、無理がたたって身体を痛めることになります。でもまた王さまの「決して憎んではならない」という新しい命令が下って、あまがえるたちは、弱り果てたカイロ団長を看病してあげました、というお話です。

　この童話がどうしていじめを考える上で大事な話になるのかと不思議に思われるかも知れませんが、それがなるのです。この童話の大事なところは、カイロ団長が、あまがえるたちをただ腕力や暴力で、ひどい目にあわせているのではなく、彼らが自分の飲んだ料金を「支払えない」という状況を作っておいて、その「違反性」への代償として「家来」という「奴隷」にさせるという手順を踏んでいるところです。それに従わないと「警察に突き出すぞ」というのです。それだけ、お前たちは「違法なこと」をしているのだというのです。
　大事なところは、この「店」の中で、カイロ団長は「法の人」として振る舞っているのがわかるところです。「法の人」という立場で見れば、相手は「お金を支払わない」という違法を犯している訳で、それに対して「裁き」を与えるのは当然だということになります。そのための脅し文句が「警察に突き出すぞ」というものでした。この一言でカイロ団長は、「法の番人」を強く意識していることがよくわかります。そしてこの童話の大事なところは、途方もないお金を要求されたあまがえるたちは、逆にカイロ団長の「違法性」を「警察」に訴えればよかったはずなのに、彼らの誰一人としてそういう「道」のある

ことを考えることが出来ないことでした。その「道」とは、自分たちが「法を知る人」として相手に立ち向かうという道のことです。「法」を知らないだけで、ずるずるとカイロ団長の言いなりになり、奴隷化していったのです。

## Q6 いじめのきっかけは「違反」を見付けるところから、というのは。
### 子どもたちの「法的な活動」

A 「法的状況」が意識されると、「違反者」を「裁く」という行為が生まれます。この「裁き」が「いじめ」です。ただ「違反」は身勝手に決められる場合があります。

● 「違反する者」は「裁く」

　この童話が描いているのは、何げなくというか悪気もなく行っている行為が、ある時に「違反している」とか「違法なことをしている」とみなされて、カイロ団長に都合の良い「裁き」を受けるという状況です。

　いじめが起こる教室というのは、実はそういう状況が起こっていたのです。つまり教室の中に、生徒同士の「法的な状況」が意識され、それに「違反」するものを「裁く」という意識が出始めてきていたというところです。

　「いじめ」が「ふざけ」や「いたずら」と違うところは、そこにあるのです。たとえば、ある生徒が宿題を忘れてきたとします。それ自体は、その生徒の問題ですが、そのクラスが班分けになっていて、班

で忘れ物などをしないことを競い合う仕組みになっていたとしたら、その生徒は班のみんなからは「違反者」とみなされることになります。「違反者」とみなされた者は、なんらかの「裁き」を受けることになります。そしてそういう「違反」が少しずつ積み重なると、「裁き」の中身もきついものに変わってゆきます。そして「裁き」をする方は、自分たちは悪いことをしているとか、いじめているという意識を持つことはなく、むしろ向こうが悪いのでこちらは「正しいこと」をしているという意識でやることが続きます。

　たとえば、ある生徒が、お兄ちゃんの持っている女性の裸の写真が載った「成人雑誌」を教室に持ってきて、仲間で見ているうちに、ある生徒に無理矢理見せようとして拒まれたりするとします。すると、それは見せようと企んだグループからしたら「違反」をしたとみなされ、「制裁」の対象にされます。なんとも理不尽なことですが、「違反」とか「違法」というのは、それを設定する者たちには、本当に身勝手に自分たちに都合の良いように設定することが出来てゆくのです。『カイロ団長』のようにです。

　このことを踏まえて、改めて文科省のいじめの定義や、研究者・森田洋司氏の定義を見てみると、そこに生徒たちが「法的な活動」を始めていることへの視点がすっぽりと抜け落ちていることに気が付きます。そしてこのことへの「気付き」がないがために、いじめへの現実的な対策が立てられてこなかったこともよく見えてくるのです。

「自分たちの正義からするいじめ」というのは。

「正しさ」の基準

いじめる側といじめられる側は、時に逆転することがあります。これは自分たちの「正義」の基準をどこに置くかで変化するからです。

● 強者から弱者へ

　いじめを加害者、被害者という対立で見る見方がずっと続いてきました。そんな見方の中でも、加害者と被害者がある日入れ替わることがあることに研究者も気が付いていました。なぜ入れ替わるのかと、不思議がられていたものでした。

　文科省の「昭和61年度からの定義」では、「①自分より弱い者に対して一方的に、②身体的・心理的な攻撃を継続的に加え、③相手が深刻な苦痛を感じているものであって、学校としてその事実（関係児童生徒、いじめの内容等）を確認しているもの」としていたのに、その①の部分を削除してきたのは、「強い者」が「弱い者」をいじめることがあっても、いつの間にかいじめていた生徒もいじめられることが起こっていて、そういう逆転の現象がなぜ起こるのか、よくわからなかったからです。

　それでも私の定義に沿って、「いじめ」とは、「法的な意識」を持ち始める生徒たちが、「自分たちの正しさ」を基準にして「違法者」を見付け、独自の「裁き」と「制裁」を実施する過程と考えると、いじめをしていた者にある時「違法性」が見付かれば、一気に形勢は逆転して、今度は「制裁」を受ける側に替わっていくことがわかります。

第1章　「いじめ」とは──「いたずら」や「ふざけ」との違い

 いじめは世界中の国で起こっているのですか。

差別といういじめ

 人種差別も宗教の差別も、福島の原発事故によって起こった差別もいじめです。そしてこのいじめは「自分たちは正義」として引き起こされます。

● 世界におけるいじめ

　かつては、いじめは日本だけで起こっているものだと思われている時期がありました。しかし世界中の学校でいじめと呼ばれる現象が起こっていました。

　そういう世界中の学校でいじめが起こっていることに大きな関心が向けられるようになってきたのは1980年代に入ってからだと森田洋司氏は書いています（『世界のいじめ』金子書房、1998年）。日本の社会現象として「いじめ」が問題になり始めたのは1980年代からかもしれませんが、実際には文学の分野ではローベルト・ムージル『寄宿生テルレスの混乱』（1906）、ヘルマン・ヘッセ『デーミアン』（1919）などが、早い時期に「いじめ」を大きなテーマとして描いていました。社会学者は、文学者の取り組みを全然知らずに研究してきたことがよくわかります。私は『いじめの解決　教室に広場を』（言視舎、2018年）の中で、それらの小説を詳しく紹介しておきました。

　ところで、なぜ世界中の学校で「いじめ」が起こるのでしょうか。最初に書いたように、どの国の学校にも、生まれも育ちも違う生徒が30人近く集まるので、感受性も、言葉使いも、容姿も、腕力も、経済

25

状況も、ものの考え方、価値観、身の振り方も違っている訳です。特に外国では、「人種の違い」「宗教の違い」「言葉の違い」「貧富の差」などが、とても大きな社会問題としてあり、それが原因での「いじめ」が多数報告されてきています。とくに近年では「移民」の人たちの持ち込む「宗教」や「言語」、「貧困」が、生徒たちの間を分ける大きな原因をつくってきていました。

● **自分たちは悪くない**

こうした外国のいじめの特徴を理解する時にも、私の定義はとても有効です。むしろ私の定義によってしか理解出来ないところもあるのです。

世界の学校の教室でも、宗教の違いは、そのグループごとに「自分たちの正しさ」の基準を持つことになり、違う宗派のしている行動は「違反」に見えて、からかったり、悪ふざけをする原因をつくり、それで相手を「自殺」に追い込むまでのひどいいじめにもなってゆきます。

たとえばイスラム教の女生徒が教室でスカーフを着用することへの嫌がらせなども、その一つです。「教室では被り物をぬぐ」という決まりがあれば、彼女たちは日々「違反」をしていることになるからです。人種や宗教や身分の違いが、それぞれの「自分たちの正しさ」の意識を高めます。そしてそこに線を引き始めると、そこに入らないものを違反者として裁くということが「自分たちの正義」のように意識されるので、対応がとてもむずかしいものになります。

第1章　「いじめ」とは——「いたずら」や「ふざけ」との違い

「福島原発事故によるいじめ」と「ノルウェー77人殺害テロ事件」に共通するものは。
　　　　　　　　　　　　　　　　「違反」「違法」の印

恐しい、おぞましい「いじめ」です。このいじめは、いじめる対象に刻印を押し、自殺に追い込み、殺人事件に及びます。

● 人種差別・宗教差別

　移民とか人種、宗教の差別というと、日本とは縁のないような話に聞こえるかもしれませんが、それに似たような出来事は、日本で起きています。2011年3月11日の東日本大震災による福島原発事故で強制転居を余儀なくされた人々のニュースで、何度も聞いたことがあると思います。福島から転校してきたことがわかると名前に「菌」をつけ「〇〇菌」などと呼ぶというニュースがしばしば報道されていたからです。青木美希氏の『地図から消される街』には、「避難民」と呼ばれいじめられる子どもたちのことが、次のように紹介されていました。

　　自主避難者の横浜市の中学1年生の男子生徒が、「賠償金あるんだろ」とおごらされるいじめに遭い、不登校になっていたことが表面化した。被害総額約150万円とされながら金銭授受はいじめと認定されず、事態は紛糾した。ようやくのことでのちに認められた。生徒の手記が公表され、反響が広がった。

　　いままでなんかいも死のうとおもった。でも、しんさいでいっぱい死んだからつらいけどぼくはいきるときめた。

27

放射能汚染された地区からの転校者というだけで、そこに「違反」や「違法」の印を見付けるというおぞましさ。それが、他国からの移民や異宗教者であれば、そこに「違反」や「違法」の印を見付けるのは、子どもたちにとって容易だったと思われます。そこで思い出すのは、東日本大震災の起こった同じ年の７月に、ノルウェーで引き起こされた戦後最大の悲惨な事件のことです。一般に、「ノルウェー連続テロ事件」と呼ばれてきた大事件です。それは、「2011年７月22日、ノルウェーの首都オスロと首都北西部ウトヤ島の２か所で、若者等77人が殺害された連続テロ事件。犯人は『愛国主義者』を名乗る男で、まずオスロの政府庁舎を爆破破壊、その後、与党・労働党の青年部集会が開かれていたウトヤ島へ移動、そこで約１時間半、銃を乱射し、投降した。男は裁判所で犯行動機を『多文化主義やイスラム系移民からノルウェーと西欧を守るため』と説明した」と、いうものです。

　犯人は、「反イスラム、移民排斥」を掲げる32歳の青年でした。この辺の事情を当時の毎日新聞（2011.7.24）の笠原敏彦、前田英司は、次のように説明していました。

> **移民排斥論、欧州で台頭**
>
> 　欧州諸国では近年、長引く経済の低迷で社会や政治が右傾化している。背景にあるのは、移民排斥の思想だ。移民は70年代、発展を支える「労働力」として歓迎された。だが、経済が失速すると、安い賃金で働く移民は欧州白人の職を奪う「重荷」に変貌した。極右勢力が唱える移民排斥は失業にあえぐ市民の不満の受け皿にもなっている。（略）
>
> 　問題は、欧州が移民をいわば「出稼ぎ労働者」として受け入れ

> てきたことだ。だが、移民は生活の場を欧州に移して定住するようになった。母国から家族を呼び寄せ、独自のコミュニティーを形成するに連れて文化的、宗教的な摩擦が顕在化。経済の悪化やイスラム過激派によるテロなどが追い打ちをかけ、キリスト教を伝統とする欧州社会とイスラム系移民の摩擦や移民排斥論に結びついた。

 この「反イスラム、移民排斥」を掲げ、77人を殺害した犯人に申し渡された刑は、禁固21年でした。「目には目を」ではない「キリスト教の寛容さ」を示したものだと言われた判決でした。

## コラム 「窓をあけて下さい」

● 不思議な「問いかけ」

　「『窓をあけてくれ』と誰かに言えば、その人が窓をあけてくれるのは、どうしてでしょうか」。

　不思議な「問いかけ」を聞いたものだと思いました。初めてそういうことが「問いかけ」になるのだと感じた一瞬でもありました。この「問いかけ」は『ピエール・ブルデュー 1930－2002』（加藤晴久編、藤原書店、2002年）の中の「言語」についてのインタビューの中の言葉です。

　私は別に、ブルデューを好んで読んでいた訳ではありません。「言語」について書いている人のものならなんでも読んでみたかっただけなのですが、そこでこの「問いかけ」に出

会いました。およそ、「言語」について、こんなことを「問いかけ」ている人は、今までいませんでした。彼はこうも語っていました。

● 言葉は魔術
「私がもしイギリスの老貴族で、週末に新聞を読んでいるとするなら、こう言うだけですむのです。『ジョン、少し寒いと思わないかね』。するとジョンは窓を閉めるのです。別の言い方をするなら、どうして言葉が効果を生み出すようなことが起こるのか。よく考えてみると、全く驚くべきことです。魔術と言うほかありません。物理的な接触もなしに、物理学が記述することが出来ないような行動形態によって、離れた所から働きかけるのですから」。

そうだ、その通りだと私も思ったものでした。私はここで、遠くから人を動かす言葉について思いを寄せる必要があることを意識させられました。そして、特に「命令」というもののあり方について、もっとしっかりと考えなくてはいけないことを。というのも、こういう「命令」の持つ力を使って、既に小学校の低学年から動く子どもたちが出て来ていることを、私たちはよく知っているからです。

## 第2章

# 10歳からの旅立ち

――「法の人」となる

いじめの始まる年齢はいつ頃ですか。

「法」の意識

 10歳頃からです。この頃から「いじめ」は見えにくくなります。喧嘩なら目に見えますが、無視したり知らん顔したりというようないじめは見えにくいのです。

● 10歳からの旅立ち

　「法」の意識を持ち始める頃から「いじめ」と呼ばれるものが始まります。いじめとは、いたずらやふざけと違って、何かの決め事に違反していることを察知し、それに対して自分たちで罰する意識を持つところから始まります。それは10歳頃からです。

　もちろん、決めたことに違反したかは、幼稚園の子どもでもわかります。ブランコやおもちゃを使う順番を守れない子がいるというような子どもたちの苦情が、先生のところにひんぱんに来ます。約束への違反です。でも、幼稚園や小学校の低学年で感じる多くの違反は、「先生が決めたこと」への違反です。だから先生に言って叱ってもらったりすると、それはそれで収まるものでした。先生に頼らなければ、直接の腕力や喧嘩に訴えます。幼稚園や小学校の低学年で喧嘩が絶えないのはそのためです。

　しかし、10歳頃になると、表立って先生に訴えることも少なくなり、直接の腕力や喧嘩に訴えることも少なくなります。その代わり、仲間内で示し合わせ「知らん顔」をしたり、「無視」したりするような陰湿なことをし始めます。というのも、この頃からの決め事は、幼稚園や小学校の低学年の時のように先生が決めることよりも、自分たちで

決めることの方が多くなってきているからです。だから、先生が決めたことなら、先生に言えばいいのですが、自分たちで決めたことへの違反者が出ると、自分たちで自分たちなりの「制裁」を加えることを意識するようになってきます。そしてこういう「制裁」の方が効果のあることも少しずつわかってきます。「法の人」の始まりと言ってもいいでしょうか。それが10歳頃なのです。

「ギャング・エイジ」と呼ばれる時期は10歳頃からでしょうか。

**集団的組織的行動**

ギャング即ち仲間・徒党をつくることで、「大人社会」のミニチュアが出来、「掟」「法」をつくります。「大人の感覚」を身に付け始めるのが10歳頃からです。

● 「ギャング・エイジ」の出現

　自分たちの決まり事をつくるのは、グループの中です。かつてのアメリカの心理学では、9歳、10歳くらいから始まるグループの活動を「ギャング・エイジ」と呼んできたものでした。

　古くから理解されてきたように、9歳、10歳頃から個々の友だちだけではなく「仲間」を意識し始めるようになる頃を、児童心理学とか発達心理学では特別に「ギャング・エイジ（gang age）」という言い方で捉えてきたものです。「ギャング」というカタカナを使ってきたので、銀行ギャングのような悪さをする子どもたち（非行グループ）が出てくる時期のように思われることもあるのですが、ここでの「ギャング」

とは、そういう悪い意味で使われてきた訳ではありません。

　発達心理学では、この「ギャング・エイジ」の出現を、たくさんある発達の中の一つの目印のように見なしてきたきらいがあります。しかし、そういうふうに見てしまうと、この目印のもつ重要な意味が見失われてしまいます。この出来事は、特別に注目しなければならない大事な出来事だったからです。

　なぜかというと、この「ギャング＝仲間・徒党」つくりというのは、「ミニチュアの大人社会」の中核部分として存在していたからです。どこが大人社会のミニチュアなのかというと、そこに自分たちで「掟・法」をつくって行動する動きが現われていたからです。そして、陰湿で悪質な「いじめ」と呼ばれてきたものも、この「仲間つくり」の中で始まる「掟・法」の共有と罰則から出現してきていたのです。そのことに、私たちはしっかりと注目しなければなりません。いじめは、単なる子ども同士の出来事として理解するものではありません。「子ども」が「大人の感覚」を身に付け始めるところから始まっていたからです。「大人の感覚」とは「掟・法」を自分たちでつくる感覚のことです。

　1970年代までに書かれた発達心理学では、こういうギャング・エイジの出現は「社会性の発達」「集団性の獲得」というような用語で説明されてきました。この「社会性」や「集団性」という言葉は、ただ社会への適応能力のことを言っていました。それでそこに「大人感覚＝掟・法をつくる感覚」が出現してきているようにはっきり捉えられることはありませんでした。そもそも発達心理学では、子どもが「大人になる入口」は、うんと先に設定していたからです。特に児童期や青年期という言葉の設定は、子どもが「大人のように振る舞う」時期を見失わせる役割を果たしてきたと私は思っています。

9歳、10歳も、まだ「子ども」だ、「児童期」だという思い込みで書かれているものがほとんどでしたから。そして「子どもとは小さな大人ではない」という言い回しが、しばしば引用されてきたものです。

「ギャング・エイジ」の特徴は。

「掟」の意識

「ギャング・エイジ」を、子ども時代の一時期と甘く見てはいけません。徒党を組み、「掟」をつくり、違反者を罰する行為は大人の基礎となるものです。

● 大人への入り口

「ギャング・エイジ」を一過性のものと見なす発達観は、1980年代から顕著になる「いじめ」の問題に、ほとんど対応出来ずに消えてゆくことになります。たとえば、隠岐忠彦編『発達心理学』には、「いじめ」の項目も、テーマもありませんでした。もちろん、この時期（1970年代）には「いじめ」が顕在化していなかったから当然だと言われるかもしれません。しかし、そうではありません。「いじめ」理解に寄与出来なかっただけではなく、むしろ「いじめ」理解を遅らせてしまう大きな原因をつくっていました。特に、「児童期」「青年期」という分類が、「大人への入口」を見失わせてきた功罪は大きいと言わなくてはなりません。

そうは言っても、「児童期」「青年期」という用語を使う発達観の中にも、「大人への入口」を見ざるを得ないところもありました。『発達

心理学』の記述には次のような補足説明がされていたからです。

①ギャング集団の形成条件
　家庭や学校の近接性、家同士の親しさなど、地理的、社会的結合が発生の条件であり、この中から同性、同年齢、身体的に同じような特性のもの、同程度の精神年齢、社会的成熟度、興味、関心がよく似ているもの同士がギャングを形成する。このうち、精神年齢と社会的成熟度がもっとも重要な要因である。また、両親の社会的地位の相違、種族、宗教の差には関係ないが、他校の子ども、他集団に属するものに対しては差別的となる。これは、他のグループが自分らより劣るというのではなく、単に他集団に属しているというだけの理由である。このように、この集団は一般に閉鎖的・排他的である。

②集合場所
　性別、社会的環境により異なるが、男子では、道路の隅、ガレージ、空屋、学校の運動場などが多く、女子は、メンバーの家庭、運動場、スーパーマーケットの隅などである。ともかく集合場所がどこであれ、おとなの監督、干渉がおよばず、活動が秘密に行われうるところである。

ここには「ギャング＝徒党」が「おとなの監督、干渉がおよばず、活動が秘密に行われうるところである」と指摘されています。これは、すでに「子ども」たちが、「大人」の目の届かないところで、「大人」がするような「徒党＝集団」を組んで行動し始めたことを指摘したものでした。また「他集団に属するものに対しては差別的となる」とか、「この集団は一般に閉鎖的・排他的である」と指摘されていたのも、

この後の「いじめ」の原理をまさに説明するものでもありました。にもかかわらず、こういう見解は、1980年代の「いじめ」の理解の基礎としては引き継がれてゆかなかったのです。なぜなら、ここでは「ギャング・エイジ」が、子ども時代のある時期に現われては消えてゆくものであるとしか見なされていなかったからです。

　表向きの現象だけを捉えてみれば、この頃の「徒党」のメンバーはいつまでも続く訳ではなかったので、子ども時代の一時期にぱっと咲く「あだ花」のように見られるところもあったのでしょうが、それは表面的な見方に過ぎません。大事なことは、この「徒党を組んで動く」というところが、「掟」の意識が芽生えるところで発生するものであったことです。この「掟」の意識が、その後、「仲間」内部の「違反者」の意識を生み、さらには、その違反者に「罰」を与える権限を自分たちが持てることを意識させてゆきました。そしてその結果、仲間であったはずの子どもたちを自死に追い詰めるという非情な事態を招くことにもなったことを、私たちはしっかりと見つめなくてはなりません。

### コラム　田舎の男の悲劇

#### ●門番の"言葉"

　カフカに『田舎医者』という短編集があって、その中に「掟の門前」(「掟の門番」「掟の前で」とも訳されている）という興味深い作品があります。ある門の所にやって来た田舎の男がその門を通ろうとすると、門番に「今はダメだ」と止められる話です。暴力で止められるのではなく、「今はダメだ」と言

われるだけなのです。「勝手に入るのはかまわないが、俺も相当な腕力があるし、さらに向こうにある部屋には、もっとすごい腕力を持つ門番がいるからな」と脅されます。その男は仕方なく、入れてもらえる許可を貰うまでそこで待つことにするのですが、とうとう死ぬまでその門の前でずっと待っていたという恐しい話です。

● 「無力感」の中の死

　結局この門は「赤信号」のようなものです。誰かが腕力でもって「止まれ」と命令している訳ではないのですが、正体不明の、目には見えない何者かが、どこかに控えていて、その「恐い力」を予感したみんなは、「赤信号」の前で止まってしまっているのです。

　これは何の寓話なのでしょうか。表題からして、「掟」や「法」というものの仕組みを描こうとしていることはわかります。その「掟」や「法」は、表向きは「腕力」や「暴力」を使わなくても「門」からの出入りを「赤信号」のように止めることが出来ているのです。しかし、この話の主人公「田舎の男」は、「門（赤信号）」の前で立ち止まり、色々と自分が入れない理由を詮索するのです。詮索するばかりで、「相手の思惑」は計り切れずに、とうとうそれに従うことしか出来ないのだと諦め、「無力感」の中で死ぬまでその位置にいるという訳です。いじめを受ける者が感じる無力感と、どこか通じるものがあると私は感じています。

# 第3章

# 「先生の力」とは何か

―「法の人」を育てる

「怒らない」という先生はなぜダメなのですか。

先生の命令

先生は力を持っていなければなりません。「先生の力」とはギャング・エイジに対して、先生がそれを上回る力を持てるかどうかということです。

● 「学級崩壊」の時期をふりかえる

　1990年代、「教室の荒れ」や「学級崩壊」が問題になりました。先生の指示を聞かない、授業中、好き勝手なことをして授業が成り立たない。その現場を「勇気」をもって公開された教室の様子がNHKで放映されたことがありました。(「広がる学級崩壊」1998年4月11日放映)。そこには全くの「無法状態」の様子が、悪びれる様子もなく、映し出されていました。

　4年生のクラス。先生は算数の授業をしているのですが、生徒たちは、漫画を読んだり、おもちゃで遊んだり、授業を聴くそぶりは全然見せません。一人が手を上げて「先生トイレに行ってもいいですか」といって「いいです」という許可をもらうと、さっさと教室を抜け出してゆきます。すると、あとからあとから「私もトイレに行っていいですか」と手を上げる者が続き、次々にばたばたと廊下を走りながら出て行く姿をカメラが追っていました。カメラが見ていても全然平気で、ごく当たり前のようにそういうことをしていました。

　見ていて怒りの込み上げる風景でした。「教室の荒れ」「学級崩壊」と騒がれているのは、何も誇張ではないのだと思わされる光景でした。何というひどい、悪質な生徒たちが集まっている教室なんだろうと、

見ていて誰もが思ったと思います。

　でも、カメラは教室の前の一枚の張り紙を撮していて、そこには次のようなことが書かれていました。

　「約束　先生は怒らない、だからみんなは注意を一回で聞く」

　びっくりしました。「先生は怒らない？」、嘘でしょうと思いました。「怒らない先生」の言うことを、どうやって生徒は聞くのだろうと思ったからです。

　４年生の４月、教室の統制の主導権は先生の手の中にあるのですから、最初から「私は怒らない」というような、「先生の力」を発揮できないようなことをして、どうするのだろうと思わない訳にはゆきませんでした。結果的には、生徒たちは、好き勝手なことをすることになるのですが、それは生徒が悪いというよりは、「怒られない」からしたいことをしているようにしか見えないものでした。ある意味では生徒たちは、先生の「指示」通りにしているみたいでした。

　先生は「約束　先生は怒らない、だからみんなは注意を一回で聞く」という張り紙の大きな矛盾について、ほとんど気が付いておられないようでした。そもそも「注意を一回で聞く」というのは、完全な「命令」であり、「命令に従うための指示」を出しているのです。ということは、「命令」には必ず人を動かす「力」がともなっています。その「力」とは、命令に違反する者には罰を与えるという力です。でもこの「約束」と題された張り紙には、「先生は怒らない」と書かれていました。「怒らない」というのは「罰を与えない」ということでもあります。ということは、ここでは「命令」はしますが、それに従わなくても「罰」は与えませんから、ということを言っていることになり、「罰」が与えられないのなら、「命令」に従わなくてもいい、ということになります。

そのことを考えると、実はこの教室の生徒たちは、この先生の張り紙どおりの行動をしていたのです。このクラスの生徒たちは、NHKの取材のカメラが回っているのに、授業中に漫画を見たり、おもちゃで遊んだり、挙げ句の果ては授業中なのに、トイレに次々に走ってゆくことを何の悪びれる様子もなくやっていたのは、本当に「悪いことをしている」と思わないでしていたことがわかります。先生の思惑通りのことをしていたのですから。

「先生の力」について、先生が勘違いをしていることは。

まとめる力

先生自身に、教室は「先生の力」で秩序が保たれるということの自覚が必要です。そして「先生の力」とは、大声で怒鳴り、威嚇することではないということの。

● 威嚇と腕力

ここで先生の勘違いを指摘しなくてはなりません。それは先生には「力」が必要だということについてです。その「力」は、クラスを統率し、先生の指示に従うようにまとめあげてゆく力です。そしてそういう「力」の出所について、先生はきっと十分に教わらずにきていたのではないかと思われるのです。

生徒たちは、いったん先生に「力」がないとわかると、自由気ままなことをやり始めます。授業中に漫画を読もうが、おもちゃで遊ぼうが、「怒られない」のですから。

「怒らない」という先生は、「力」というものの出所を勘違いされているのです。特に「先生」になる人たちは、自分たちが「力」を持たなくてはいけないことを、きちんと学んでいないようにも思えます。というか、「先生の力」というものがどこから生まれるのか、うまく理解されないままに「先生」をしているところがあるように見受けられるのです。

　多くの先生は、腕力に任せての「体罰」はゆるされませんから、大声で怒鳴ったり、威嚇することで「力」を持っていることを示します。それは、当然のことだと思います。しかし、大声や威嚇も、自分たちに害を及ぼすには至らないということがわかると、ある時点から、そういう大声や威嚇を伴う指示にも従わなくなります。たまりかねた教師の中には、「暴力」と言われない程度に定規で叩いたりして、「力」を見せつけようとする人もいます。

　先生に出来ることはそこまでなのです。それ以上の腕力を見せると、確かにその教室では、その腕力を振るう先生の前ではおとなしくなるのですが、先生のいないところで、先生がしているのと同じように腕力でいじめをしたりする生徒も出てきます。先生の腕力がいじめのための良いお手本になることがあるからです。

● 二つの場にまたがる「先生の力」

　ここで「先生の力」の出所を考えておきたいと思います。「力」は何かを動かすためのものです。動かないものを動かす訳ですから、「力」がどうしても必要になります（29頁コラム参照）。

　先に示したように、先生は二つの場にまたがって存在しています。一つは「教育の場」、もう一つは「法の場」です。ですから「先生の力」といっても、二つの場の力の上に立って成立していると考えなくては

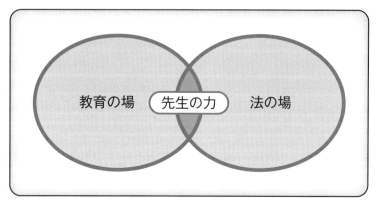

図3−1　教室の二重性と「先生の力」
「先生の力」は「教育の場」と「法の場」の二つの上に立っている。

なりません（図3−1）。

「教育の場」というのは、生徒たちの「理解」を広げる力を基にしています。理解とは、物語を読みこころを動かされることであり、算数や理科のように、推理して謎を解くような思考を動かすことです。そういう「理解」を深めることは、まさに理解を動かすことで、そこにも「力」が必要になっています。先生たちは、その「力」を教材研究の中のさまざまな仕掛けとして日々考案し、実践しています。大変な努力が必要です。

でも、ここまで見てきたように、教室は「授業」だけをすればいいという場ではありません。そこには、生まれも育ちも、感受性も、言葉使いも、容姿も、腕力も、経済状況も、ものの考え方、価値観、身の振り方も違う生徒が30人近くもいる訳で、彼らが、日々ともに学習し、遊び、育とうとするだけで、さまざまな知性や感受性がぶつかり、言い合いや喧嘩も起こります。それは生徒たちの持つ「言い分」のぶつかり合いだからです。そして、そういう「生徒たちの言い分」と向

第3章 「先生の力」とは何か――「法の人」を育てる

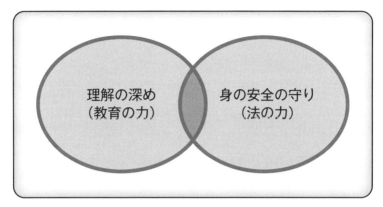

図3-2 教室の二つの実践
教室の秩序は、「教育の力」と「法の力」の二つで成り立っている。

かい合うのが「先生の力」だったのです。でもこの力は、授業する力だけからでは生まれてきません。もっと違うところからやってくる「力」に頼らなくてはならないのです。

というのも、教室における30人の「生徒の言い分」は、「力」の出し方を間違えるとお互いに傷付け合うことになるからです。先生は、教室の中で生徒たちが傷付け合わないように、「身の安全」を保つように日々工夫しなければなりません。それは「授業の力」を使うのとは別の力を使うことになっていたのです。教室に限らず、30人もの人たちがいて、その人たちがお互いの「身の安全」を保つには、特別な「力」が必要だったからです。それを人々は「法の力」と呼んできました。そして事実「法の力」だけが、力の差をもつ30人もの人たちの「身の安全」を守ることが出来ていたのです（図3-2）。

教室とは、この「教育の力」と「法の力」の二つが協力し合ってはじめて「秩序」の成り立つ場になるものでした。しかし教育の歴史の中で、教室に「法の力」が必要だという当たり前のことが、長い間注

目されてきませんでしたし、研究されてきませんでした。つまり教室に必要な「法の力」とはどのようなものであるべきかというようなことが、正面切って問題にされてこなかったのです。もちろん、一部の教師たちの教育実践の中に「管理教育」を掲げてやってきた人たちがいました。この先生たちの実践に対しては、生徒を「管理」の対象にするとは何事ぞと批判されるところもありましたが、しかし実際は「管理」という言葉の響きが悪かっただけで、こういう教育実践を目指そうとしていた先生たちは、教室が「教育の場」だけで成り立っているのではなく、「法の場」としてもあることを見ようとしていただけだったのです。

　このことを踏まえると、文科省がいくら「いじめ対策法」を何度も書き換えて提出してきても、現場の学校や教室から「いじめ」や「いじめ自殺」がなくなってこなかった理由がわかるのではないかと思います。先生たちが、教室を「法の場」としてあることを、先生になる前からきちんと教育され教えられてきていれば、ふだんの教室運営の仕方も、うんと違ってきていたはずなのですが、先生たちは教室を「教育の場」としてだけあるかのように教えられてきているので、生徒たちの「身の安全」を守るための手立ては、わからないまま来ていたのです。身の安全が保たれるのは、生徒たちだけではありません。先生もまた「身の安全」が守られなくてはなりません。しかし先生による「体罰の禁止」が、先生たちの誤った「無抵抗主義」のようなイメージを生み出し、生徒たちに先生は何をしても怒らない、許される、というような悪しきイメージを広げる原因にもなってきていました。

第3章 「先生の力」とは何か──「法の人」を育てる

 教室につくる「広場」と「法の人」を育てることとの関係は。

解決と修復

 教室につくる「広場」は、ただの「話し合いの場」ではありません。一番の目的は「法の人」として子どもたちを育ててゆく場だということです。

● 公の場

　私は「教室に広場を」と呼びかけてきました。なぜ「広場」なのかについては、これも後に詳しく説明しますが、教室に「法の場」を実現させようとする試みは、教室に「公の場」に通じるものをつくるということなのです。なのでそういう「場」つくりを「クラス会」とは別に「広場つくり」と呼んだ方がいいと考えてきたのです。というのも、先生主導の「クラス会」と、生徒主導の「広場つくり」には、決定的な違いがあるからです。

　その違いとは、同じような「話し合い」をする場のように見えていながら、「広場つくり」の目的は、そこで生徒一人ひとりを「法の人」として育ててゆくことを最も大事な目標に持っているからです。

　「広場」が公共の場に通じているという意識を、生徒たちにしっかり持ってもらい、困った時は「公の場」に訴えることの出来る力を、一人ひとりが持っていることを自覚してもらえることが、この「広場つくり」の大きな目的になっていたからです。そしてそういう「広場」は、教室に「法の場」を見る時に初めて見えてくるものとしてあったのです。

● 生徒が中心

　大事なことは、こうした「公の場」に通じる道を意識した「話し合い」をし、自分たちのしていることが、「公の話し合い」に出されると、先生や親にも知れ、ひどい内容の話であれば「警察」に訴えることもあり得ることを「覚悟」するような「話し合い」が求められるというところです。こういう「公の場」と連動する場を教室に意図的につくることが、「先生の力」を最もしっかりと身に付けることになるのです。

　そしてこういう「公の場」に繋がる話し合い、私の言う「広場つくり」は、生徒が中心になって運営されるもので、そこでは先生のふだんの挙動も「問題」にされることが出てきます。先生も襟を正して、生徒に向かい合わなくてはいけないということです。どちらにしても、こうした「広場」の運営は、後に見るように、ふだん先生の見えない所での生徒同士の活動を、生徒の目線に立って「話し合いの場」に持ち出すことを目的にしています。そういう「広場」は生徒同士で「解決」や「修復」を求めるものになっているので、大きな目で見ると、こういう「話し合いの場＝広場」つくりが、基本的には「先生と生徒が一体となって実践するもの」になっています。ですからここに「先生の力」を求めるということは、実は「先生と生徒の合同の力」を求めることにもなっていたのです。

　しかし、実際の「広場つくり」や広場つくりを通して「法の人」を育てるための工夫というには、色々と考えなければならないことがあります。それは後の章でしっかりと見てゆくことにいたしましょう。

# 第4章

# 「葬式ごっこ」

――中野富士見中いじめ自殺事件を考える

なぜ「葬式ごっこ」を考えることが大事なのですか。

**教師も署名**

この「葬式ごっこ」は鹿川君を死に追いやりました。もう「ごっこ」ではないのです。「葬式」は即ち「現実の死」へと至りました。あまりに異様な事件です。

● **事件の経過と「遺書」**

「葬式ごっこ事件」「鹿川君事件」と呼ばれて、大変注目された事件が、1986（昭和61）年2月、東京都中野区立中野富士見中学校で起こりました。当時2年生の男子、鹿川裕史君がいじめで自殺した事件です。多くのいじめ自殺事件の中で、1980年代に起こった最も有名になった残忍な事件です。

どんなにひどい事件だったのかというと、7、8人のグループに使い走り（パシリ）をさせられ、気に入らないと罰として殴られ、エアガンや飛び蹴りの的にされるなどの暴行を受けていました。鹿川君にはチックのような瞬きをする症状があり、それを止めないと殴られたり、顔にマジックで落書きされたり、廊下で踊らされたり、校庭の木に登って歌を歌わされるなど、卑劣な嫌がらせを執拗に受け続けていました。そんな2年生の11月（自殺の2か月ほど前）に、「葬式ごっこ」と呼ばれる出来事がクラスのみんなで行われました。机の上に花や線香が置かれ、追悼の寄せ書き（図4-1）には「鹿川君へさようなら」と書かれ、ほぼ全員が署名していたという出来事です。

この寄せ書きには、担任を含む教師4人も署名していたというので、後にマスコミで大きく取り上げられることになり、異様ないじめ事件

# 第4章 「葬式ごっこ」——中野富士見中いじめ自殺事件を考える

として多くの人の記憶に残るものになりました。そして2か月後に鹿川君は自殺することになるのですが、その後続く「いじめ自殺」事件が大きな社会現象となってゆく最初の事件として位置付けられた出来事です。

この時、鹿川君は、東京から、盛岡市まで移動し、駅の近くのトイレの中で首を吊って亡くなりました。鞄の中には、次のような遺書が残されていました。

図4-1 「追悼の寄せ書き」?
「葬式ごっこ」という異様ないじめに教師も参加していた。
豊田充『いじめはなぜ防げないのか——「葬式ごっこ」から二十一年』(朝日新聞社、2007年)表紙。

---

家の人、そして友達へ
突然姿を消して申し訳ありません
(原因について) くわしい事については
AとかBとかにきけばわかると思う
俺だってまだ死にたくない。
だけどこのままじゃ「生きジゴク」になっちゃうよ、
ただ、俺が死んだからって他のヤツが犠牲になったんじゃ、
いみないじゃないか、
だから、もう君達もバカな事をするのはやめてくれ、
最後のお願いだ。
昭和六十一年二月一日　　　　鹿川裕史

この事件については裁判で判決も出されていて、遺書で名指しされたＡとＢについては次のように判決文（東京高等裁判所第八民事部　裁判長裁判官　菊池信男によるもの）が言い渡されていました。

　被控訴人ら（東京都、中野区、Ａ君とＢ君の両親）は、連帯して、控訴人ら各自に対し、金五七五万円及びこれに対する昭和六一年二月二日から支払済まで年五分の割合による金員を支払うこと。
　鹿川事件判決（要旨）（平成六年五月二〇日言渡）
　　　　　　　豊田充『「葬式ごっこ」――八年後の証言』風雅書房、1994年

具体的にどのような経過をたどった事件ですか。

暗黙の掟

鹿川君は加害者のグループに入り、使役されていました。道化役もさせられました。鹿川君がグループを抜けたいと思った時に、事件は起きました。

● **裁判での総括**
　裁判では、次のように事件の全体を総括していました。

本件グループの生徒らの加害行為と裕史の自殺との因果関係について。

［学年の全体的な状況］
　中野富士見中学校では、Ａ及びＢを中心とする本件グループの生

徒らが第二学年第一学期（一九八五年度）早々からグループ化し、学校内外で、喫煙、怠学、授業の抜け出し、授業妨害、教師に対する反抗、弱い者いじめ等の問題行動を繰り返すようになったが、第二学期以降その問題行動は急激に悪質となり、やがて三年生のグループとも連携して授業の抜け出し、授業妨害、壁、扉等の損壊、教師に対する反抗、暴行、他の生徒らへの暴行等が更に頻発するようになった。そして、それらの問題行動を防止するため、九月頃からは教師らが休憩時間や自らが授業を担当しない時間帯に廊下等の見回りをし、一一月からは保護者らの有志も授業時間中の廊下を巡回するという異常事態となったが、事態は一向に改善されず、裕史の自殺に至るまでの間、悪化の一途をたどっていた。

　以上の総括で注目されているのは、この中学校で「グループ化」した生徒たちが、我が物顔で学校を抜け出したり、授業妨害、教師への反抗を常態化させていて、保護者の有志までもが廊下で見回りをして、何とか生徒の身勝手な振る舞いを止めようとしていた動きです。学校は、生徒の勝手気ままにさせていていいとは決して思っておらず、いろいろと対策は立てていたのがわかります。しかし、こういう状況の学校は1980年代、多くの地域で見られたものでした。もしこういう状況が「いじめ自殺」を生んでいたとしたなら、もっと多くの学校でもそういう惨劇は起こっていたはずですが、そうならなかったのは、この中野富士見中学校では、もっと特別なことが起こっていたからだと考えなくてはなりません。

　「判決文」は、そのあと踏み込んで、いじめの経過を次のようにまとめています。

● 「判決文」による事件の概要

　裕史は第一学年までは格別の問題行動もなかったが、第二学年第一学期の六月頃から本件グループに取り込まれた形で、グループの生徒らと次第に深く交遊するようになり、特に同級生のA及びBらと共に授業の抜け出しをするようになった。

　しかし、裕史は小柄で体格、体力等の面で劣り、かつ、元来運動が苦手で粗暴な面がなく、温和で気弱な方であったため、グループ内においても同等の仲間としては扱われず、当初から使い走り役として子分的に使役される立場であったが、第二学期になると、無理な要求をされても嫌な顔をせずに服従し、屈辱的で理不尽な仕打ちをされても無抵抗で、むしろおどけた振る舞いで応じたり、にやにや笑いを浮かべてこれを甘受していた。他方、使役は一層激しくなったのみならず、裕史を事あるごとにいじめの対象とするようになった。

　第二学期には、裕史を使役する際の要求も次第に増大して嗜虐的な色彩を帯びるようになり、毎日買い出しをさせられて、時には一日五、六回にも及んだほか、授業中にも行かされるようになり、マンションの八階ないし一〇階から再三、階段を上がり下りして買物に行かされたり、登校・下校時には多い時には一度に五、六個もの鞄を持たされるようになった。授業中の買い出しを教師に発見されて、AとBが教師から注意されると、裕史はそれを理由にAとBから殴る蹴るの暴行を受け、その後も、一一月頃にかけてA、Bを中心とするグループの生徒らから暴行その他の仕打ちを繰り返されるようになった。そして、一二月になって裕史がグループの生徒らから離反しようとする態度を示し、使役の要求に従わず、グルー

プの生徒らを避けるようになると、激しい暴力、いやがらせが繰り返されるようになった。この時期以降のA、Bらの仕打ちが正に典型的ないじめであり、しかも極めて悪質ないじめであることは明らかである。

　ここに「総括」では見えなかったことが指摘されています。それは鹿川君が問題になっていたグループに属していたということです。「グループ」からいじめを受けていたというのではなく「グループの一員」としていじめを受けていたというところです。同じことではないのかと思われるかも知れませんが、それは違います。
　このグループのメンバーは、勝手に授業を抜け出して買い食いなどをしていたのですが、教師や保護者の監視が強くなり始め、それが出来ないとなると、今度は鹿川君にそれをやらせるようになっていったようです。鹿川君は「グループの一員」であったがために、それをやらされる羽目になりました。でもグループのメンバーは他にもいた訳で、他の者にもさせればいいのに、その「使役」は鹿川君の「役割」になっていきました。問題の根っこはそこにあると思います。なぜ鹿川君は、そういう「役割」を背負うようになっていったのかということです。
　「判決」では「裕史は小柄で体格、体力等の面で劣り、かつ、元来運動が苦手で粗暴な面がなく、温和で気弱な方であったため、グループ内においても同等の仲間としては扱われず、当初から使い走り役として子分的に使役される立場であった」と説明されています。確かにそうであっただろうと思われます。しかし、身体や体力の脆弱さや気性の穏やかさというだけで、彼が、そういう過剰な使役を負わされることになったと理解するのは難しいと思います。もっと過剰なマイナ

ス面が鹿川君に付け加えられないと、そういうふうにはなってゆかないと思われるからです。

　この「使いパシリ」の中で、彼が多額の金銭を要求されたということはないのです。彼がお金を持っていないことは知られていたので、彼にお金を渡して「使いパシリ」をさせていました。鹿川君は、そのお金をやりくりしてお買い得のものを買ってくるのが得意だったようで、時にはお釣りをごまかすこともあったようです。

　そういう「使役」をやめたいというそぶりを見せ始めた頃から、グループの態度が一転していったように思われます。というのも、彼がグループの一員でいられたのは、グループにとって面倒な「使役」を彼が「代わってやり遂げる」からであって、そこにグループのメンバーは彼の存在価値を認めていたのです。彼はもはやグループにとって、なくてはならない存在となっていたのです。そしてそれはグループの「掟」にとっては暗黙の了解となっていた訳です。この時の「暗黙の掟」は、単なる「約束」のような次元を越えて、はっきりとグループの「法」のような性格を持ち始めていました。だから鹿川君の「使役」は、まさに「法的な義務」のようなものとしてみんなに意識されていて、それをしないのなら、彼は「義務違反」をしていることになり、グループの裏切り者、「法」の違反者として見られてゆくことになります。違反者であれば「罰」を与えてもいい存在ということになります。そして実際にそういうふうな存在として見られてゆくことになりました。

　私はここのところをしっかり考えることが、この事件の性格を知る最も大事なところだったと思います。

　さらに「判決文」は、その後の経過を次のようにまとめています。

## 第4章 「葬式ごっこ」――中野富士見中いじめ自殺事件を考える

● 「判決文」の後半の説明から

[九～一二月の状況]
　一二月以前の裕史に対する仕打ちについて検討する。
　前記のように、裕史はグループの生徒らに対しては、迎合的な態度を取っていたが、その態度は一二月に裕史がグループから離反しようとするまで、概(おおむ)ね続いていたものと認められる。裕史の言動からすれば、裕史も第二学期の中間の時期頃までは、グループの生徒らに対し、ある種の仲間意識を持っていた面もあることがうかがわれる。しかし、一方的に使役されるだけの被支配者的役割が固定しており、他のメンバーの役割との間に互換性はなかったのである。

　裁判官は、一口に「グループ」と呼んでいても、1年生の頃の「グループ」意識と、2年生の夏頃からの「グループ」の意識が違ってきているところをよく見ていると思います。それは「友だち意識のグループ」から「法的なグループ意識」への変化です。鹿川君は、自分のグループの中での位置付けが2年の秋以降違ってきていることに気が付き始めます。そしてこのグループから抜け出したいと思うようになります。しかし「法的なグループ」意識を持ち始めた者たちは、自分たちに都合のいい手足となって動く鹿川君をみすみすグループから離れさせる訳にはゆかず、そういうそぶりを見せた時には激しい「罰」を与えて、その意思を翻えさせるようにし始めます。それがこの後続くひどいいじめの実態になります。
　この時に、鹿川君は、グループから抜け出したいことを先生にも相談しているのですが、かないませんでした。というのもこの時期になると、グループの法意識は一層堅固になってきていて、彼の全行動に

目を光らせ、その行動を支配するように動いてきていたからです。そういう意味では、鹿川君がこのグループを抜け出すというのは、一つの国から脱出して、別の「法」で運用される別の国に「亡命」するような困難さを見せ始めていたのです。では彼はどこへ「亡命」することが出来たのでしょうか。私たちは、この時鹿川君の置かれていた位置を、幕末に「国」を「脱出」することの難しさを身をもって体験した吉田松陰(よしだしょういん)のようなイメージで見ておくことも必要だと思います。

この時期に相談された担任の教師も「転校」を勧めたと言われています。何と弱腰の「勧め」をしたものかと見えるかもしれませんが、教師から見ても、このグループの拘束力（掟）の強さから逃れるのは容易ではないと感じられたからだと思われます。

 鹿川君が「自死」を決意する一番のきっかけは何だったのですか。

居場所がない

 グループから離反出来ないことが一番の理由です。学校は生き地獄でした。両親も教師も法的に彼を助けられず、彼は安全な生活圏を失ったのです。

● 「葬式ごっこ」

そんな中、11月15日、「葬式ごっこ」事件が起こったのです。判決文にはこう書かれていました。

　　いわゆる葬式ごっこは、グループとは無関係の二年Ａ組の生徒ら

も加わった形で行われ、裕史の追悼のための寄せ書きの色紙には二年Ａ組ほぼ全員と第二学年の他の学級の生徒らの一部のほか、藤崎担任ら四名の教諭が加わっていた点で特異なものである。

　この「葬式ごっこ」については、どのように仕組まれていったのか、誰がこの「初期プラン」を立てたのかは明らかにされていません。ただ二学期の中頃、誰かが「鹿川が死んだことにしようぜ」と言い出し、みんなで色紙に寄せ書き風に追悼の言葉を書き署名したというのです。そして鹿川君の机の上に牛乳びんに花を挿し、あめ玉、夏みかんをそなえ、夏みかんには穴を開け線香をさして火をつけていたという。色紙には、中央に「鹿川君へ　さようなら」という大きな文字を書き、放射線状に次のような文章が書かれていました（図4－1参照）。
　「やすらかにねむれ」「さようなら、さようなら」「ばいばい」「かわいそうなししくん、いなくなってよかった」「バンザイ」「バーカ」「ざまあみろ」「100円かえせ」「つかわれるやつがいなくなってさびしい」「だいすきよ」「いままでつかってゴメンね、これは愛のムチだったんだよ」

　鹿川君は遅れて教室にやって来て、それを見て笑いながら「なんだ、これ」とか、「おれ　一度死んだんだよ」と言っていたらしい。またこの色紙は家に持って帰って母親にも見せていたという。
　この色紙に署名した教師たちは、「鹿川君に贈るんだから言葉を書いてくれ、と言われた。何か別れの言葉を書いた気がする」、「弔いのため、と言われたので一度は断ったが、生徒が『ジョーク、ジョーク』と重ねて頼んできたので、サインした」、「レクリエーション劇に使うのだからと言われ、『バカなことをするなよ』とたしなめたが、結局『さ

ようなら』と書いた」、「ドッキリカメラ（テレビ番組）に使うから」と言われ「やすらかに」と書いた、などと「説明」したという。それでも、当時はマスコミがこのことを知り、担任もまずいことをしてしまったと気が付き、担任は鹿川君の家に電話を掛け「色紙を隠して欲しい」と頼んだり、教室でも「なかったことにしてくれ」と生徒に頼んでいたことがわかっています。

　以上のような経過を持つ「葬式ごっこ」は、他に類を見ない、教師を巻き込んだ「悪質な悪ふざけ」の出来事で、大きな社会的ニュースにもなりました。ただこれが基で、その後すぐに鹿川君は自殺した訳ではありません。この出来事は11月15日のことであり、彼が亡くなったのは翌年の2月1日のことですから、2か月半の間があります。だから、この事件と自殺を直接に結び付けることは出来ないのですが、この「葬式ごっこ」の起こった背景については、しっかりと理解されなくてはならないと思います。

　いかに「おふざけ」にしろ「面白半分」にしろ、「ドッキリ」をするにしても、クラスの誰かを「死んだことにする」というのは異様な感覚ですし、教師がそれに加担したというのも異様です。しかしこういう「死んだことにする」という「儀式」が行われるためには、単なる「おふざけ」「面白半分」を越えて、それに参加した多くのクラスのメンバーの意識の中に、既に鹿川君を「死んだ者と見なす」という意識が蔓延していたのではないかということです。そこのところを見ていかなくてはいけないと思います。それは、AやBのグループの中での鹿川君の位置が、段々と「違反者」扱いされてゆくのに比例して、その感覚をクラスの多くの者が共有していく過程があったという理解です。

　法的に違反者ということになれば、その極刑は「死罪」ということ

になります。多くの「いじめ」報道の中で、醜悪極まりないのは、「死んでこい」とか「自殺の練習をしろ」とか言って脅迫されていたという事実を聞く時です。こういう「死」を強要するというのは、その意識の背後に「違反者」を認め、その者への極刑としての「死罪」の意識があるからと理解しなくてはなりません。

「判決文」では、こうした「葬式ごっこ」と「グループからの離反」の問題を結び付けて次のように「説明」していました。

● グループからの離反の意思

「判決文」
　裕史がいつ頃からグループに対する離反、離脱の意思を持つようになったのかは必ずしも明らかでない。しかし、九月中旬頃には買い出しを見とがめた比良田教諭に対し「Bたちのグループから抜けたい。使い走りはもう嫌だ」と述べていることからすると、いじめが激化するにつれて、次第にグループに対して反感と疎外感を深め、離反、離脱の意思を固めていったものと見るのが相当であり、葬式ごっこの行われた当時には相当程度、その意思を固めていたものと考えられる。葬式ごっこをされ色紙を受け取った裕史は、その場では格別の反応は示さなかったものの、帰宅後、母親に色紙を見せ、しょんぼりと沈んだ様子で「おれ学校でこれを渡されたよ。担任の先生も書いているんだよ」と述べていたのである。

そして教師に対しては、「判決文」は次のように厳しく指摘していました。

葬式ごっこに加わった多数の生徒ら及び教師らとしては、悪ふざけという意識であったとしても、いきなり教室という公けの場で、しかも学級の生徒らほとんど全員が参加したような形で、自分を死者になぞらえた行為に直面させられた当人の側からすれば、精神的に大きな衝撃を受けなかったはずはないというべきである。
　色紙の寄せ書きに加わった教師らは、グループの問題行動が激化していて、裕史がグループ内で使役されているのみならず、種々のいじめを受けていることを認識していたにもかかわらず、その軽率な行為によって集団的いじめに加担したに等しいものであり、裕史にとって教師らが頼りになる存在ではないことを思い知らされた出来事であった。

　こうして12月に入り、鹿川君は「グループ」から離反出来ないことを強く意識し始め、それなら、学校に行かないという選択と、学校に行っても、保健室や体育館に隠れるというように、「グループ」と顔を合わせないような工夫をするしかなくなってゆきます。年が明けても、そういうことをしなくてはならない状況を「生き地獄」と感じ、自死する道を選ぶことになります。2月1日のことでした。「判決文」はその過程を丁寧に説明していました。
　また「判決文」は冷静に状況の分析をしていると思われます。特にグループとの離反の問題を重点的に取り上げているところは、今なお考えなくてならない大きな問題を孕んでいたと私には思われます。ちなみに、判決文で「中野区及び東京都の責任について」「中野富士見中学校の教師らの過失」と題した文章で、改めてこのグループの問題に触れているところがあり、裁判官としては、そこにこの問題の根本があることをどうしても訴えたかったのだとわかります。

第4章 「葬式ごっこ」——中野富士見中いじめ自殺事件を考える

 **鹿川君の「自死」の直後に起こったもう一つの重要な出来事とは。**

鹿川二世

 鹿川二世と呼ばれ、「自殺しろ」と言われたM君の出来事です。彼は運良く「争いの場」を警察に見られ、加害少年は逮捕されました。

● **警察沙汰になった出来事**

　鹿川君が自殺したその10日あまり後の2月13日、突然、中野富士見中学の二年生の生徒を警察が暴行容疑で逮捕したという発表がありました。それは鹿川君の事件とは全く別の事件だったのですが、ここにはさらに考えさせられる大きな問題を孕んでいたと私には思われました。この事件は、先の裁判所の関知しない別件の出来事なので、当然触れていませんが、この事件がどういうものであったかを知ることはとても大事だと思います。

　鹿川君の自殺の後、また学校やクラスでは、後に「判決文」で示されたような経過は共有されておらず、彼が亡くなったことだけが知らされているような状況でした。まだ一人ひとりは、自分たちのしたことの意味を省みる間もなく、悪質なことをし続けていた連中も、ほとんど「悪いことをした」というような意識を持たないまま、むしろ鹿川君が「悪かった」ので「制裁」や「罰」を加えていたというような意識しか持てていない中、授業が再開されていました。そんな中で起こった「出来事」で、逮捕者が出てしまったのです。事件のあらましは次のようでした。

捕まったのは二年B組のL君（一四）。調べによると十二日正午すぎ、四時限の理科の授業中、L君がオーデコロンの入った小さな瓶を取り出して、遊び始めた。理科担当のC教諭（二九）が瓶を取り上げた。L君は前の席のM君に八つ当たりし、「お前は鹿川二世だ。鹿川のように自殺しろ」「オレとけんかしろ」などと三、四十回背中をこづき、M君に席を替わらせ、その前列のN君を殴った。そのあとM君の顔を二、三十回殴った。

　この間、M君は何度も「先生助けて」と叫んだが、C教諭は知らん顔をして、黒板に字を書き続けた。約二十分後、たまりかねたM君が立ち上がってL君につかみかかり、取っ組み合いになった。C教諭はここで教壇から下り、L君には何もいわず、M君に「やめろ」と止めに入った。M君は「先生はあんまりだ。Lを殺して、オレも自殺してやる。刃物を買ってくる」と言って、学校の外へ飛び出し、三百メートル先の金物店に走って行った。

　C教諭もあわててM君の後を追いかけ、金物店の手前でようやくM君を止めた。二人が言い争っているのを、近くの交番の警官が見ていて、事件がわかった。

　　　　　　　　　　　　朝日新聞社会部『「葬式ごっこ」』東京出版、1986年

警察での取材でわかった限りでは、状況はもう少し具体的に次のように説明されています。

　この場面に関して、警視庁少年一課と中野署は、L君逮捕時と十五日の送検時の二回とも「LはMに対し『教師がオレを注意したら（暴行を）やめてやるよ。お前は鹿川二世だ。お前も鹿川みたいに自殺しろ』と言って、暴行し続けた」と発表した。M君が「黙って

第4章 「葬式ごっこ」——中野富士見中いじめ自殺事件を考える

いれば、いい気になって」と怒り出すと、L君はこぶしで顔を殴った。M君が立ち上がり、L君の顔をプロレスのヘッドロックのように、脇に抱えたとき、斎藤教諭が引き離した。

　M君は「包丁を持ってきて、ぶっ殺してやる」といって、学校を飛び出した。斎藤教諭が跡を追った。M君は三百メートルほど離れた金物店に駆け込んだが、売り場に刃物は置いてなかった。斎藤教諭が追いついた。学校に連れ戻そうとする教諭と、拒むM君とが店の前でもみ合っているとき、向かいの寿橋派出所の警官が来て、二人を所内に入れた。まもなく、来合わせたパトカーが、二人を中野署に連れていった。

　M君は派出所内で、興奮して斎藤教諭に「見て見ぬ顔をしたじゃないか」と食ってかかり、中野署でも捜査員に「先生はぼくがやられているときは知らん顔で、やり返したときに止めた」と訴えた。

（『同』）

　事件の大筋は以上のようなものです。鹿川君の自殺の後、教室の中で「お前は鹿川二世だ。お前も鹿川みたいに自殺しろ」などという言葉が語られていたということ自体、異様な光景だと言わざるをえません。鹿川君の自殺は、クラスの中では、きちんと受け留められていなかったことがわかります。ここでL君は、「先生を試そうとした」と言っていて、中野署に呼ばれた時の取り調べに対し、「先生は口だけで、決して行動には表わさない。だから、オレの行動を本当に止められるかどうか、試してみようと思った」と記録されています。事実、先生はその時加害者のL君を止めないで被害者のM君の行動を止めていました。そのL君は、校内で「札付き」と言われるほどの存在ではなかったとされているのですが、そんな彼でも教師は止めることが出来ず、

L君自身も「お前は鹿川二世だ。お前も鹿川みたいに自殺しろ」などと醜悪なことを言うようになってきていたのです。

警察に関わっていくことの意味は。

大人法と「子ども法」

生徒が直接、警察に関わることはまずありませんが、大人の世界では、暴力を振るわれたら警察に訴えます。このことの意味は今一度考えてみる必要があります。

● 「仕返し」

　ここで注目したいのは、M君がL君の仕打ちに腹を立てて学校を飛び出し、警察と関わることになった状況です。M君は当初は警察に訴えることは念頭になく、L君に仕返しをするつもりで、包丁を買いに行った訳で、自分一人でL君と対峙しなくてはと思っていた訳ですが、近くに交番があったがために警察に知られることになりました。

　その結果、L君は「暴行容疑」で逮捕されました。彼は釈放された後、しおらしく警察官を「おじさん」などと呼び、「成績が上がってたら通知表を見せる」というような約束までして、学校に戻ってきました。警察に「逮捕」されたことが、よっぽどこたえたみたいでした。

　このことを考えると、鹿川君が取る道は、自殺以外にも確実にあったことがわかります。それは「警察」に訴えるという道です。ところが彼は、先生にしか相談が出来ていないのです。その相談をされた先生も、グループのAやBに「注意」をするだけで、それを聞いた彼ら

第4章 「葬式ごっこ」──中野富士見中いじめ自殺事件を考える

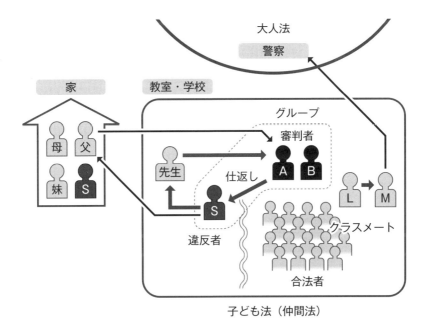

図4-2　いじめの被害者とその周りの人物との関係
　鹿川君は、教師にも父親にさえも救ってもらえなかった。Mの場合は、偶然にしろ、教師・父親を越えて警察に訴えることになった。
　＊図中のSは鹿川君の略。

は、その行為を「違反」と捉えて、また仕返しの暴行を加えることになっていました。こういう事情を父親に言った場合でも同じことでした。訴えれば訴えるほど、「仕返し」という形で自分に跳ね返ってくる訳で、とうとうそういう訴えを断念せざるを得なくなってゆくのです。
　その状況を図にしてみれば、図4-2のようになるでしょうか。
　この図で最も大事なところは、鹿川君の訴えが「鹿川君→先生→A・B→鹿川君」、「鹿川君→父親→A・B→鹿川君」というトライアングルを巡って、自分に戻ってくるところです。
　しかし、そんな中でM君だけは、偶然が重なって「警察」に訴える

67

ことになりました。その結果、もしL君がM君に「仕返し」をしたとしたら、再び逮捕されることになる訳で、せっかくしおらしく取り調べの警察官を「おじさん」と呼び、「通知表を見せにくる」などという子どもっぽい約束までしてきた「警察」に、今度は冷たくあしらわれることになるのは目に見えていたので、「仕返し」は絶対に出来なくなっていました。

　同じ事を、もし鹿川君がしていたら、暴行の様々な事実は、クラスのみんなが見ていて証言出来る訳ですから、AやBは暴行罪で逮捕される「罪」が十分にあった訳です。それでも鹿川君は、「警察に訴える」ことをしなかったし、教師もまた、そういうことをしませんでした。なぜしなかったのかというと、そうすべき道のあることを、生徒たちは小学校の時から教えられてこなかったことがあり、教師の方も、そういう道のあることを生徒に教えてこなかったということがあったからです。

 **この事件から学ばなければいけなかったことは何ですか。**

警察の介入

 "警察"との連携です。そうすれば最悪の事態は避けられました。「警察沙汰」にしなくても、教室に「法の場」の仕組みがあれば、「自死」は避けられました。

● 「教育の場」と「法の場」

　この事件は、鹿川君の苦しみ抜いた末での自殺の経過と、その直後

第4章　「葬式ごっこ」――中野富士見中いじめ自殺事件を考える

に発覚した思いがけず「警察」が介入した事件との、二つの事件で出来ていると考えるべきものでした。だからもし鹿川君が、あれほど苦しんでいた時に、「警察」に訴えていれば、最悪のことは防げたのではないかと悔やまれるところです。そしてこのことは、事件の後だから、なんとでも言えることだと思われてはいけません。この後の章で見るように、その後学校は警察と連携するように指導を深めてゆくことになる訳ですから、ここで勝手な「対策」を述べているという訳ではありません。

　ただ、私がこの事件を通して、もっと早くに警察と連携出来ていれば、最悪の事態は避けられたという感想を持つのは、「ではこれから警察と連携してゆきましょう」という意味に短絡してはいけないということです。むしろ、こういう「警察沙汰」になる出来事はこれからも後を絶たないのですから、生徒たちをもっと早い時期に、自分たちが理不尽な仕打ちを受けた時、「公の場」へ訴えることの出来るように育ててゆかなくてはならない、ということなのです。

　それは教室を「教育の場」と「法の場」との二重性において捉える取り組みをうんと早くから実践して欲しいということです。自分の置かれた理不尽な状況は、「法的な状況」として見たら「不当」であることをみんなに向かって訴えられる仕組みを教室の中で、うんと早い時期からつくってもらいたいということです。その取り組みをしないで、困ったら警察に言いなさいという文科省の指導は間違っていると私は思います。そして、そういう取り組みを具体的に提示してゆくことが、この鹿川君の無念の死に報いることではないかと私は感じています。

**コラム** M.フーコーの新しい権力観

● 権力という語

　権力といえば国家権力、というような判で押したような権力観が1960年代頃まで広がっていた中で、「どこにでも『権力』はある」というごく真っ当な権力観が、フランスの哲学者、ミシェル・フーコーによって以下のような言葉で表現されました。

　「権力という語によってまず理解すべきだと思われるのは、無数の力関係であり、それらが行使される領域に内在的で、かつそれらの組織の構成要素であるようなものだ」

　　　　　M.フーコー『知への意志』渡辺守章訳　新潮社、1986年

● 「子どもの領域」

　M.フーコーの権力観は、本当に斬新でした。

　彼は57歳で亡くなった（1984年没）ので、さらなる展開は私たちに託されたのですが、私は彼の理解を「子どもの領域」にまで広げて考えなくてはと思ってきました。「子どもの領域」にも、確かに「無数の力関係」があり、その「力関係」が「権力」として、時には子どもたちを力づけるように働き、時には子どもたちを苦しめるように作用するあり方があって、そういうことについて、私たちはもっと知らなくてはと感じています。

# 第5章

# 「NEXT」

――「佐世保小六女児同級生殺害事件」を考える

この事件は、いじめというより「殺人事件」ですが、なぜ「いじめ」問題として取り上げるのですか。

**制裁が殺人となった**

 この殺人は「命令者」による「裁き」という様相を持っています。加害少女は被害少女の行為を誤ったものとして裁きを与えようとしていたことが読みとれます。

● 「自死」と「他殺」の共通の仕組み

　長崎県の佐世保市で起こった「女子児童殺害事件」は、普通は「いじめ事件」としては見られていないと思います。統計的には「殺人事件」として扱われてしまうように思われます。それなのになぜこの本でこの事件を取り上げるのかということです。

　いじめには自殺者が多数出てきていることから大きな問題になっている訳で、この「自死」の構造と、佐世保の事件の「他殺」の問題には、あるところまでは共通して起こっている仕組みがあって、それをどうしても解明したいがために取り上げているのです。共通しているところというのは、私の訴えてきている「子ども法的な状況」が人知れず子どもたちの足元に伸びてきている中で起こった事件ではないか、という思いについてです。

　この事件をいじめとは別だと見なす人は、この事件の裏側で「法的な人格」になりつつある子どもたちの姿をどこかで見誤っているような気がします。

　まずは、年譜形式にして5年生から6年生に移ってきている二人の

姿を、朝日新聞西部本社編著『11歳の衝動——佐世保同級生殺害事件』(雲母書房、2005年)、川名壯志『謝るなら、いつでもおいで—佐世保小六女児同級生殺害事件』(新潮文庫、2018年)を基に整理してみたいと思います(図5-1)。

御手洗怜美さん(被害者)。3年前に母親を病気で亡くし、父と兄との三人暮らし。
A子(加害者)。両親、祖母、姉との5人暮らし。父は病気で足を悪くしている。

図5-1 『謝るなら、いつでもおいで—佐世保小六女児同級生殺害事件』(川名壯志、新潮文庫、2018年) 表紙
タイトルの「謝るなら、いつでもおいで」は、被害少女の兄の加害少女への言葉。

2002年 (4年生)
御手洗怜美さん、転入してくる。
A子は怜美さんの家に遊びに行き、熱心にパソコンを教えてあげたりして一緒に楽しんでいた。

2003年 (5年生)
5月　交換日記始める (2004年の2月まで、10人以上で)。

　交換日記は三種類あった。一冊目、愛称「ファイル」。怜美さん、A子、もう一人の三人だけの日記。バトル・ロワイヤルも話題になっていた。二冊目、愛称不明。参加者が十数人の大きなグループによ

る交換日記。日記というより、みんなでキャラクターを動かして連想し連作する物語作り遊びのようなもの。三冊目、愛称「マコレ」。イラスト（ヒロインのコスチュームや着物など）満載の日記。怜美さん、Ａ子を含め５人。このイラストではＡ子は、自分の書いたイラストを誰かが真似るのを嫌がって「パクリはしないで、やった人知ってるから」と言っていたという。

　もう一つ、表に出ない第四の日記、愛称「Rose Girl」があった。これも怜美さん、Ａ子を含め５人でしていた。この日記で「NEXT」という言葉を使ったＡ子は、他の子がそれを使うのを嫌がり「NEXTの使用は禁止。パクらないで」と他の四人に通告し、関係がギクシャクし始める。

　担任の話「Ａ子の得意は図工とパソコン」「みんなが原稿用紙１枚を書くのがやっと、という時にＡ子は９枚も書き上げました」

　2004年に入り、Ａ子はたくさんの詩や日記風の思いを書いてブログに載せ始めます。

2.1　「詩＠それがすべてではないのだから」
2.2　「詩＠嘆きの賛美歌」
2.4　「詩＠夕暮れの影」
2.5　「詩＠不揃いな棒」
2.7　「日記＠バスケの試合でした」
2.8　「日記＠続き」
2.18　「詩＠許せない」
2.22　「日記＠県下招待新人戦」

3月　ミニバスケット部辞める（その前に怜美さんも辞めていた）。
3学期の文集に「好きな本『バトル・ロワイヤル』『ボイス』。趣味『PC（パソコン）』。ハマっていること『小説書くこと』。将来の夢『小説家』」と書く。

2004（6年生）
4.8　「日記＠暇すぎ」
4月　校庭で怜美さんとA子の二人でVサインをして撮影。
4月　交換日記で「バトル・ロワイヤル」を題材にしたアンケートをして、級友同士で殺し合えるかたずねていた。自分のPCでも同様のことをたずねていた。
4.15　「日記＠あの食べ方、まじでキモイ」
5.1　「BR（バトル・ロワイヤル）法　内容」
5.3　「記憶たどり」
5.4　「ポイント稼ぎ　中」
5.5　A子、自分のHPに「BATTLE ROYALE―囁き―」書く。
5.10　「へらすどーっっ！！」
（2011.12.26の未来の日付で「うぜークラス」を書く）
5月下旬　怜美さんのHPに「ぶりっ子」と書かれたとA子は後に供述している。
6.1　御手洗怜美さん、3階の学習ルームでA子に殺害される。
（事件当日、4校時の作文で、A子は「お前を殺しても　殺したりない」〈映画「ボイス」の言葉の引用〉という下書きを書いていたのが、事件後ランドセルから発見される）。
6.2　児童相談所は、長崎県家庭裁判所へ送致。
6.8　長崎家裁佐世保支部は、少年審判開始を決める。

6.14 １回目の審判。精神鑑定を決める（刑事責任を問われない14歳未満に対する審判での鑑定は異例）。6.15から84日間かけて精神鑑定を受ける。

6.26 父親の御手洗恭二さん、手記公開。

7.18 市民主催の「怜美さんとのお別れ会」。

7.20 大久保小学校で「お別れ会」。

9.6 精神鑑定書を、家裁に提出。第二回審判。

9.15 第三回審判。児童自立支援施設（「国立きぬ川学院」栃木県さくら市）に送致（刑事責任を問われない14歳未満の場合、強制措置の取れる児童自立支援施設への送致は最も厳しい処遇）。この施設は、鍵のかかる個室があり「触法少年」が過ごす場所としては、最も管理が厳しい施設。

＊触法少年　14歳未満で刑罰法令に触れる行為をした者。

A子は詩を書いているのですが、詩からA子の心情は読み取れますか。

「許せない」

A子は怜美さんに成り切って「親の死」を書いています。この時点でA子は怜美さんに特別な感情を抱いていたように見えます。

● 詩「許せない」の熟読──仲が良過ぎた二人

怜美さんが４年生で転校して来てから、A子とは本当に仲が良かったのだと思われます。パソコンが上手だったA子は、怜美さんの家に

遊びに行っては、パソコンの使い方を教えてあげたりして、特別に意識し合っていたように思われます。怜美さんのお父さんは、家に遊びに来てくれていたＡ子の笑顔が忘れられずに、何であんなに仲が良かったのに、こんなひどい事件を起こしてしまうことになるなんてと絶句されていますが、おそらくこの「仲の良さ」が一つの大きな鍵になっていたと私には思われます。好きでもない人、どうでもいい人なら、あれほどまでの執着を見せることはないからです。「相思相愛」であった二人が破局を迎えると、愛情が強かったゆえに相手を憎む感情も一層激しいものになったように思われます。

　でも、この事件は、そういう「仲良し」になった者同士という背景はあるにしても、大人の「相思相愛」のようなものではない訳で、そういう「仲良し関係」がうまくいかなくなったからといって、小学６年生になったばかりの、11歳という年頃で、そこまでの「殺意」を相手に持つというのは、説明がつかないと思われます。この頃に、仲良しであったものが、仲良しでなくなることなど、しばしばみられる訳で、そんな時にいつも「殺人」が起こるかといえば、そんなことは全くないのですから。

　それゆえに、まずここでは「仲良し」だった二人に亀裂が生じていった過程を、現在手に入る資料で、丁寧に読み解いていって、その上で、「仲良し」とは別なところで動きだしていた、Ａ子の固有な法的人格の「成長」について理解を深められたらと思います。

　先述の年譜を見てもらうとよくわかるのですが、５年生の３学期の２月18日、Ａ子のブログに「詩＠許せない」という文章が載せられています。Ａ子が犯行を犯す３か月前です。

「詩＠許せない」日付2004/02/18

皆は親なんていなかったら良かった……
なんて言うけど、不思議だ。
私なんて親が死んでもう、親なんて……いないのに。
とにかくずるい。
恨めしい。
親なんていらないなんて……。
親を亡くした私の気持ちわかる？
親がいなくなったらこんなに……。
さみしい。
親のいる人が羨ましい。
家事とかの問題ではない。
心の事だ。
楽しかった時には戻れない。
親に怒られててもそれはそれで良かった。
あなたの親がいなくなったらわかることでしょう。
親に限った事ではないけれど、身内の人が死んでも
悲しいでしょう？
なのに皆はいなくなって欲しいと言った。
その皆の親がいるのがずるい。

おわり～　あと、私に親はいますので(汗)　架空の中の詩なんで(汗)

　誰かがクラスの中のおしゃべりで「親なんていなければよかったのに」と冗談で言ったのかわかりませんが、その言葉を捉えて、A子は、自分の好きな怜美さんがお母さんを病気で亡くしていることをよく知っていたので、冗談でもそんなことをいうヤツは、怜美さんに失礼

だ「許せない」と思い、怜美さんに成り代わってというか、成りきってこういう詩を書いた、というふうに読み取れる詩です。普通ならそこまで、人の立場に立ってそんなことを書くかと思いますが、A子は確かにそういうことをここでしているように読み取れます。この詩は、本当に大好きで、「仲良し」だった怜美さんだったから、書いたものだし、書けたものだと思われます。ここにもA子と怜美さんの、他の児童には見られない「親密な関係」を見て取ることが出来ます。

この詩に対して、怜美さんもすぐに反応して「うぅ・・その詩と共感してんなぁ～共通点ありありだにょん・・・。ディオはしってるよネ～」と書き込みをしていました。「ディオ」とはA子のブログの名前でした。

ところが、この詩は、よく読むと「許せない」という題になっていることに気が付きます。この「許せない」というきつい断定の仕方、非難の仕方は、特異です。「親のいない私」のことを訴えたいのなら、「私には親がいないから」というようなタイトルでも良かったはずです。でも「許せない」という題にしているのです。誰が誰を「許せない」のか。もし怜美さんのことをよく知っている友だちがいて、誰かが冗談にも「親がいなければねえ」と言ったとしても、怜美さんは、そういった人を「許さない」などと思うだろうかと、思います。そういう「苦しみ」を乗り越えてきているところがあったと思われるからです。でもA子は、その怜美さんが表には出さない「苦しみ」に深く思いを寄せてこういう詩を書いたということなのでしょうか。

私は少し違ったことをこの詩から読み取ってもよいような気がしていました。というのも、「親なんかいなければよかったのに」とクラスの誰かが言ったというのは、A子の仮想であって、A子が勝手にそういう状況を想定して、そんなことをいうヤツは「許せない」と言っ

ているようにも思えたからです。誰かがそういうことを言っていたかどうかは、当時の同級生に聞いてみればすぐにわかるじゃないのと思われるかもしれません。仮にたずねることが出来たとしても、そんな小学校の5年の時に冗談半分で言った言葉を覚えている人はいないようにも思えます。だとしたら、この詩が、誰かの言ったことを受けて書かれたのか、誰も言ってはいないのに、A子が勝手に、誰かが言ったと仮定して、そういうことは「許せない」と書いていたのか、「判断しようがない」ではないですか、と言われるかもしれません。

　でも私はこの詩が奇妙な構成を持って書かれているところが、ずっと気になっていました。というのも、この詩は一読すると怜美さんに「なりすまして」書いているように見えますが、この詩の中の「親」と表記しているところを「友だち」と読み換えると、そこからは違った光景が見えるように思えてきたからです。

　つまり「〇〇なんていなかったらよかった」というのを、「友だち」を失いつつあったA子と置き換えると、「A子なんていなかったらよかった」と言っている連中に向けて書いているかのような光景が見えてくるからです。

　　私なんて「友だち」が死んでもう、「友だち」なんて……いないのに。
　　とにかくずるい。
　　恨めしい。
　　「友だち」なんていらないなんて……。
　　「友だち」を亡くした私の気持ちわかる？
　　「友だち」がいなくなったらこんなに……。
　　さみしい。
　　「友だち」のいる人が羨ましい。

というふうに。
　なぜそういうことが読み取れるのかというと、その後の詩の中に「親に限ったことではないけれど」という一文があるからです。この一文に注意すべきだと思います。「親に限らない」ということは、この「親」を別なものとして読み換えてもいいということです。そして「死んでも」とか「いなくなったら」という言葉にも注目する必要があると思います。

　楽しかった時には戻れない。
　親に怒られててもそれはそれで良かった。
　あなたの親がいなくなったらわかることでしょう。
　親に限った事ではないけれど、身内の人が死んでも
　悲しいでしょう？
　なのに皆はいなくなって欲しいと言った。
　その皆の親がいるのがずるい。

　ここで書かれているのは「親を失った」気持ちに重ねるようにして「友だち」を失いつつある自分のことを書いているように読めるのです。そういうふうに読めば、特に「なのに皆はいなくなって欲しいと言った」という一行は、「友だち」を失うのは「悲しいでしょう？」と問いかけ、「なのに皆は（私に）いなくなって欲しいと言った」と読めるのです。「皆」という言い方がリアルです。そして最後の一行が来ます。そこを読み替えると「その皆の友だちがいるのがずるい」というふうになります。
　そしてこの詩に題名が付けられました。「許せない」と。もちろんA子は、そういう「真意」を読み取られないように、最後はいつもの

ように茶化して、「おわり〜　あと、私に親はいますので（汗）架空の中の詩なんで（汗）」と書いていました。しかし、この２月あたりから、Ａ子は「自分」と「皆」との関係が、「いて欲しい」から「いなくなって欲しい」に変わりつつあるのを感じ始めていたのではないかと思われるのです。

とても仲良しだった二人なのに、なぜ関係は険悪になっていったのですか。

NEXT

Ａ子は自分の文章や絵を「パクらないで」と交換日記に書いています。しかし「パクリ」は行われ、それを怜美さんが擁護したことで、Ａ子は激怒します。

● 交換日記のほころび・「命令」の始まり

　問題は、ではなぜ「皆」がＡ子を避け始めたのかということです。実はそこに、Ａ子が怜美さんに「殺意」を抱くようになる、もう一つの道筋をたどることが出来るように思われます。

　それは、年譜にも書いたように、５年生の時に生徒たちは交換日記を始めています。交換日記そのものは、たいていの子どもたちがやり始める大事なものです。それは通常の記録のための日記ではなく、自分をいろんなキャラクターになりすませて、面白おかしく相手に伝える試みの場でした。自分を複数の人格に分けるための大事な訓練の場でもありました。

　怜美さんたちも、四種類の交換日記を使っていて、その中にはＡ子

と怜美さんともう一人の三人で作っていたものもあったことを年譜で示しておきました。ただ、このことは川名壮志『謝るなら、いつでもおいで』（新潮文庫、2018年）の取材や聴き取りからわかることで、実際の交換日記の中身は公表されていないのでわかりません。日記の書かれた時期もわかりません。5年生のいつ頃から始められて、いつ頃に終わっていったのか。そんなあやふやな交換日記のことをなぜここで取り上げるのかというと、その詳細な中身のことではなく、ある特異なことがこの交換日記の過程で起こっていたことがクラスメートに記憶されていて、そのことについて考えてみたいからです。

　それは三冊目のイラスト満載の日記で、それぞれ自分の想いを込めたイラストを描いて見せ合いをしていた時のことです。ある時、A子が、自分の書いたイラストを誰かが真似るのを嫌がって「パクリはしないで、やった人知ってるから」と言っていたというのです。ほとんどの子どもの書くイラストは、どこかの雑誌に描いてあったものの真似であり、真似の修正のようなものばかりなので、基本的には「パクリ」であり、「パクリ」を面白がるものでした。それなのに、A子は自分の描いたものを「パクらないで」とみんなに言ったのです。それは、それだけオリジナルなものを描けていることへの自負があってそういうことを言っていたのか、別の意図があってそういうことを言っていたのかについて、少し考えてみなければと思うところがあります。

　というのも、このイラストのことだけなら、ちょっとうまく描けた自慢のイラストを真似されたくなかっただけなのね、ということで済まされるのですが、別の日記でも、別な形での「まねをしないで！」の抗議をA子が起こしていたことがあったのです。

　それは、表に出ない第四の日記、愛称「Rose Girl」という交換日記で、怜美さん、A子他5人でこれを回していた時のことです。次の

人に渡す時に、何かそれなりの渡すための儀式の言葉、たとえば「次は○○ちゃん」などと書いて回していたらしいのですが、ある時にＡ子が「NEXT　○○」という言葉を書いて回したらそれがえらくみんなの気に入って、「NEXT」という文字にいろんな粉飾を付けて回し始めたらしいのです。それを見てＡ子は、それを嫌がり「NEXTの使用は禁止。パクらないで」と他の四人に通告したというのです。これも、Ａ子が思いがけず見付けたとっておきのフレーズであったかも知れず、それをみんなが自分が見付けたかのように、当たり前のように使うのは「許せない」と感じたのだとしたら、わからなくもありません。

　日記のメンバーは、Ａ子の怒りを感じてか、交換日記で謝罪し、それ以降みんなは使わなくなります。しかしこうしたＡ子の「禁止」の指示に対して、怜美さんだけが反対の意見を次のように日記に書いたのです。

　「NEXTというのは、みんなが使える表現ではないの？　絵文字ではないし、英語だからパクリではないような気がする。みんながやっていれば、あたり前になるのでは？」（川名壮志『謝るなら、いつでもおいで』）。

　この一件が起こったのは、５月の連休明けだったので、殺害事件の起こる１か月前です。家庭裁判所でも注目され、審判では次のように触れられていました。

　　被害者は、女児がオリジナリティやルールに対する強いこだわりから、女児の表現を無断使用するなと注意してくることに息苦しさや反発を覚え、女児に対する反論を交換ノートに記し、ホームページに名指しを避けながらも女児への否定的な感情を率直に表現した

とみられる文章を掲載した。

　女児はこれを「居場所」への侵入ととらえて怒りを覚え、いったん回避的に対処したものの、さらに被害者による侵入が重なったと感じて怒りを募らせて攻撃性を高め、とうとう確定的殺意を抱くに至り、計画的に本件殺害行為に及んだ。

　被害者の言動は、他人をして殺意を抱かせるようなものでは決してなく、特段の落ち度は認められない。しかし女児が被害者に対する怒りを募らせた末取った行動により、かけがえのない生命が奪われてしまったのであり、その結果はまことに重大かつ悲惨である。

　この「パクリはしないで」事件に家裁が注目するのは当然として、でも、それを「女児はこれを『居場所』への侵入ととらえて怒りを覚え、いったん回避的に対処したものの、さらに被害者による侵入が重なったと感じて怒りを募らせて攻撃性を高め、とうとう確定的殺意を抱くに至り、計画的に本件殺害行為に及んだ」と結論付けていることには承服しかねるところがあります。その理由については丁寧に説明しなければなりません。

● ホームページの書き換え

　しかしそのことに触れる前に、もう一つの大事な出来事にも触れておきたいと思います。それはネット上のトラブルについてです。生徒たちは交換日記だけではなく、ポータルサイトというネット上に自分のホームページ（HP）を作って、そこに書き込みをしていて、そこで怜美さんとA子の間に、抜き差しならぬ出来事が生じてきていたのです。それは5月の下旬と言いますから、殺害事件の起こる1週間前とか、そういう時期になります。それは、怜美さんやA子たちが使っ

ていたインターネットのポータルサイト「Cafesta（カフェスタ）」で、A子がカフェスタの怜美さんのサイトに勝手に侵入してブログの中味を書き換えるという出来事を起こしていた事件です。そこで、怜美さんのアバター（本人を特徴付ける絵柄）を、勝手にカボチャの顔に変えたりしていたというのです。

　何でそんなことが出来たのかと思うのですが、この時に怜美さんとA子は、自分のサイトに入るためのパスワードを教え合っていたのです。こういうパスワードの教え合いというのは、二人の関係が親密な時はいいのですが、破局した時の恐さに繋がるとても危険なことでした。A子はこの時、怜美さんのパスワードを使って怜美さんのブログに入り込み、中身を何度も書き換えています。時には、怜美さんのHPを初期化までしていたと言います。怜美さんをネットから全部消してしまいたいと思っていたかのような行動です。そして、たまりかねて、怜美さんは5月29日にネットのブログにこう書き込みます。事件の3日前のことでした。

　　「荒らしにアッタンダ。マァ大体ダレがやってるかヮワかるケド。心当たりがあるならでてくればイイし。ほっとけばいいや。ネ。ミンナもこういう荒らしについて意見チョーダイ」

　A子を揶揄するような形で書かれたこの一文は、きっとA子をさらに激怒させたと思われますが、もともとは自分が、人のパスワードを使って入り込み、引き起こしたことから始まっていたのに、「荒らし」と批判され、「ほっとけばいいや」というような、突き放されるような反撃を食らって、さらに怒りを増幅させたことは想像出来るところです。A子は、今度は、怜美さんのHPに入り込み、HPそのものを

初期化してしまいます。恐るべき執念と言えるでしょうか。それに対して、怜美さんは、転居前の友人にも手紙を書いていました。5月30日のことです。

「チョマタカヨ。なんでアバターがなくなったりHPがもとにもどっちゃってるケド、ドーセアノ人がやっているんだろう」（川名壮志『謝るなら、いつでもおいで』）

こうしたことが「殺意」に繋がったのではと、家裁も考えていたと思います。「動機」なるものを組み立ててゆけば、そういう出来事が大きな要因であることは推測出来ますが、しかし、そういうネットのトラブルだけで、相手を殺すところまでゆくのかということは、よく考えてみないといけないと思います。日本の至る所で、ネットのトラブルは起こっていて、憎悪は渦巻いているのに、それで殺人が多発しているかと言えばそんなことは全くないからです。だから、ネットのトラブルは要因の一つであっても、「殺人」に結び付けるのには無理があると言えます。

事件のあった当日、2時間目の休み時間に怜美さんが交換日記をしていたメンバーの一人にメモを渡しています。そこには次のように書かれていました。

「もうつかれた。正直にいうと自由になりたいんです。小説もマコレもいずれやめると思います。勉強で大変になるので」

小説もマコレも、交換日記の愛称でしたが、それを止めるというのです。このメモは午前中に回り回ってA子にも届けられたと言います。その時、A子は友だちには「なんなら全部やめちゃえば」と言ったと伝えられています。

そして、4時間目の国語の授業で、卒業文集の下書きをみんなが書いていた時に、A子は「人間の心理」という大人びたタイトルの作文を

書こうとしていたようで、そこにはあの「お前を殺しても　殺したりない」という文章が書かれていました。

そしてこのあと給食の時間が来るのですが、A子は怜美さんを学習ルームへ誘い出し、殺害することになります。

● 『バトル・ロワイヤル』への関心

A子は『バトル・ロワイヤル』という小説に強い興味を示していたことはよく知られているのですが、この小説の特徴をご存知の方はあまりおられないのではないかと私は思います。この小説は、中学生同士が殺し合うことを描いた小説だなどと要約する人がいますが、全く違います。この小説には「絶対命令者」が最初に設定されているのです。この「絶対命令」に従いながらも、生徒たちは何とか生き延びようともがき苦しむ様子が描かれているのです。

先に年譜を紹介していますが、その中の2004年5月1日の項に「BR（バトル・ロワイヤル）法　内容」と題された一文をA子が書いています。ここに「法」という言葉が書かれていることに、注目しなければなりません。というのもA子は、この小説に「法」の仕組みを見て取っているからです。小学校の5年、6年で、こんなふうに「法」に注目する生徒がいたことを、私たちは忘れてはいけないと思います。

そこに書かれていることは次のようなことです。

そこにはまず『バトル・ロワイヤル』という小説の基本設定が、「この国では毎年、全国の中学3年生を対象に任意の50クラスを選び、国防上必要な戦闘シミュレーションと称する殺人ゲーム、"プログラム"を行っていた」と解説するところから始まっています。生徒たちの意志とは関係なく、「絶対命令」としてある「プログラム」が設定されているというのです。その「絶対命令＝プログラム」が、「クラスご

とに実施、生徒たちは与えられた武器で互いに殺しあい、最後に残った一人だけは家に帰ることが出来る」というものでした。

　この小説を誤解する人たちは、「中学生同士が殺し合う」という映像だけに反応してしまいがちなのですが、実際にはそれは「国が決めた法」、つまり「バトル・ロワイヤル法」に従わざるを得なくなったことの結果であって、決して「中学生の殺し合い」を目的に書かれた小説ではなかったのです。A子も、この基本設定に関心を示していたのです。なので、次のように書いていました。

　　ゲームの中に投げ込まれた少年、少女たちは、さまざまに行動する。殺す者、殺せない者、自殺をはかる者、狂う者。仲間をつくる者、孤独になる者。信じることができない者、なお信じようとする者。愛する気持ちと不信の交錯、そして流血……。
　　昨日までのクラスメートが殺し合う。生きるためには殺さなければならない現実。誰もが生き残りたいと思っている以上、誰が自分を殺しても不思議ではないという現実。疑惑が疑惑を生み、猜疑心は自分以外の全ての者への殺戮となる。
　　☆フィクションです☆
　　　『11歳の衝動──佐世保同級生殺害事件』（本書裏表紙より一部抜粋）。

　A子は、小説に「殺人ごっこ」を見て面白がっているというようなことでは全くなかったのです。ここには「生きるためには殺さなければならない」ところにまで追い詰められてゆく生徒たち一人ひとりの心情に寄せるA子の深い憂鬱が描かれています。とくに「ねばならない」という「命令」の状況にA子は、深く関心を寄せていたところに注目すべきです。というのも、この頃からA子は、自分の中に芽生え

てきている「命令者」に恐れとおののきを感じていたことが読み取れるからです。いったん「命令者」に取り憑かれると、結局それに従わないものには「罰」を与えるようにしか心を動かせなくなってゆくからです。

**A子は他にもたくさん詩を書いているのですが、詩からA子の大きな変化は読み取れますか。**
「法」と「罰」

A子の中に「正義」が芽生えています。「地球」で起こっていることへの義憤の感覚です。それを詩にした時、そこに「不正な現状」への「お裁き」感が出ていました。

● 不正とお裁き

　ここにA子が5年生の3学期に書いた詩を紹介します。立て続けにこのような長い詩を書いているので、多くの人は驚かれたと思いますし、何かの真似（教科書や金子みすゞの作品など）をしているんだろうと軽く見なす人もいたのですが、実際に何が書かれていたのか検討する人はほとんどいませんでした。

日付2004/02/02
詩＠嘆きの賛美歌
闇夜の空に沢山の星がちりばめられる、夏の空
心地良い草の香りのする草原、リンリンと鈴虫の鳴く音
田舎だが、私はこの環境がすきだ。

都会に無いモノがあるのだ。
人間は自分たちの生活が豊かになるために、
木を沢山切ったり、ゴミ、不燃物などを平気に捨てたり…
そんな事をしているらしいが本当に豊かなのだろうか？
熱帯雨林、環境破壊、有毒ガス、生活が豊かになる一方、
数え切れないくらいの自然破壊が多数ある…
川が汚れ、魚たちが死にいたり、森も破壊され
生き物たちの生きる場を失っている。
聞いて欲しい、人間の生活が豊かになるのはいいが
私たち、生き物・自然に迷惑をかけないで、
この地球に住んでいるのは、人間だけではないのだから。
わかっているのでしょう？
自然や生き物のこのままでの未来が。わかってよ…
今では人間が生き物を殺すと何もならないことが多いけれど、
私たちは人間が生き物と同じ、
虫も
魚も
動物も
木、花も
たった一つだけのかけがえのない、
「命」をもっているのだから…
殺さないで、沢山殺して殺して殺して殺して…
森の木も人の手によって焼き払われたりしたよ。
「自然も生きているのだから、息をしているのだから」
木や花も動いたり、話したりはしないけど、
生きているのだよ……。

生きているのだから、全て生きているのだから。
神様はいるのですか…助けて下さい…
こんにちわ。おわり。（待テ）
ちなみに動物を殺すと器物損壊罪だそうです。
じゃ、おわる。（ブチッツーツーツー）
（電話だそうで、オーケイオーケイ）


　特にこの詩には命が大事、草木や虫にも命があるんだから、それを殺さないで、と書かれています。こんなに命を大事にすることを考えられる生徒がなぜ、誰もしないような「友だちを殺す」というようなことがどうして出来たのだろうと、多くの人は不思議でならなかったと思います。だから、自分では思ってもいないことを、何かを真似て書いているだけではないのかというような見方も出ていた訳です。でもこの詩は決して誰かの真似をしているのではないのです。
　よく読むとわかりますが、この詩には田舎と都会の大きな区別がまず見られます。そして私は田舎の環境が好きだと言っています。なのにその田舎の環境を破壊しているものがいる、というのです。「川が汚れ、魚たちが死にいたり、森も破壊され」というように。
　そしてその状況を惨状と考え、みんなに訴えています、「聞いて欲しい」と。「生き物・自然に迷惑をかけないで」と。そして「わかっているのでしょう？」とたずね、「わかってよ」と訴えます。そして最後に「神さまはいるのですか…助けてください」と。
　この詩はそのタイトルのように何かを「嘆いている」かのように見えますが、「嘆き」というよりもっと強い感情が書かれています。それは「田舎の環境破壊」を「不正」と見なし、それを「訴える」意識です。この「訴え」の裏にはＡ子の感じる「正義」の意識が芽生えて

いて、その「正義」に反することが田舎で起こっているということへの義憤が綴られているのです。だから最後の一行は、いかにも神さまにお願いをしているように見えて、実は神さまに、この「不正な現状」への「お裁き」を訴えている文章になっているのです。この詩に、そのような「法的な意識」を読み取るのは早計ではないか、あるいは勘違いではないかと言われる方もおられるかも知れませんが、それはＡ子の内部に目覚めてきている「法」への意識を軽く見過ぎていると思います。そのことを証明するのがこの詩の番外に書かれた註釈です。そこには「ちなみに動物を殺すと器物損壊罪だそうです」と書かれていたからです。Ａ子は「法律」に目を留めていたのです。ここに「法」と「罰」に注意を留めているＡ子の姿がきちんと書き留められているところを私たちは読み取っておかなくてはなりません。

● **命令者の孤立**

　Ａ子の中の「正義感＝命令者」は、周りからの共感が得られない中で、孤立して育っていったように思えます。孤立しながらも自分の方に「正義」があると思い込んで譲れないＡ子は、この苦しい状況を抜け出すには、自分の「正義」をあざ笑うかのように振る舞う怜美さんの発言を封じなくてはと思うようになったと考えられます。そして思い付いたのが、ＨＰでの怜美さんの発言を「荒らすこと」でした。でもそれも効果がないとわかると、怜美さんのＨＰそのものを初期化してしまうことを考えます。

　自分の方に「正義」があると思う者は、そのことへの違反者には「罰」を与えても当然だという思いが出てくるのです。しかし、ＨＰの初期化だけでは、怜美さんの発言が止められないとわかってからは、怜美さんの存在そのものを「消し去る」以外に道はないと思い詰めるよう

になっていったのではないかと思われます。

　そして事件は起こったのですが、通常の大人の犯罪としての殺人と考えると誤解を招くと思われます。大人の犯罪としての犯行では、出来るだけ自分が犯人と疑われないように、みんなの見ていないところで行われるのが常ですが、Ａ子の場合には、犯行を隠すような工作は一切されず、みんなのいる学校で事件を起こしていたからです。

　おそらくＡ子の頭の中にあったのは、ひたすらに怜美さんを「消し去る」ことであったように思われます。そのことでの罪悪感はなかったのかとか、道徳心が失われていたのかといった議論もさんざんなされてきたのですが、Ａ子には譲れない独善的な「正義」が蓄積されてきていて、自分では「悪いことをしている」という意識より、「自分の正義」を守るために必死で行った行為のように私には見えるところがあります。

　ここで「許せない」という詩をもう一度思い出していただきたいと思います。ここには怜美さんの心境を推し量るようにして書かれた友だち思いのように読める詩が、「許せない」というきつい表現で書かれていたことについて、私は従来には見られない解釈を示しておきました。「許す」という心の形もあるのだよということを体験しないで育ってゆくと、「許せない」「許さない」という断罪の気持ちだけが私たちの中にも増幅されてゆくのです。

　こういう状況は、別な形ではしばしば現われてきていました。それは虐待による幼児の死亡事件です。虐待のきっかけは親の言うことを聞かないというものです。それで言うことを聞かそうとして、簡単な体罰から始まるのですが、その効果が認められなくなると、親の体罰は激しくなります。この時に、周りの人からすると、なんでそんなひどいことをするのだろうと思いますが、体罰を与える方は、親として、

子どもは親の言うことを聞くものだという思い込みがあります。この時の親は、自分の方に「正義」があると感じています。なのでそれに従わない奴、背く奴には、当然「罰」が加えられて当たり前なのだという意識が働きます。すると、その応酬が、どんなに過激になっても「悪いことをしている」という気持ちが働かずに、むしろ相手が悪いのだから自分は「正義」に沿った行動を取っているのだという気持ちで固められてゆくことになります。そうすると気が付くと、とんでもなく行き過ぎた「仕置き」をしていたということにもなります。「許される」ということを体験しないで育った人は、「許せない」という思いばかりを増幅させがちになるのです（98頁コラム参照）。

とくにA子と怜美さんの関係は、パスワードを交換するまで親密な関係になっていました。そういう親密な関係になったがために、この事件は起こっていった側面も見られます。多くの暴力（バイオレンス）が「愛し合った者」同士の間で発生してきていたように。

この事件から学ばなければいけなかったことは何ですか。

「法的には無効」

A子は「正義」をかざして「裁き」を行おうとします。「正義感」が育つ裏には、間違いの「許し―許される」体験も必要なのです。

● 反論者との対立

以上のことを踏まえて、この事件の経過をたどり直してみると、あ

る時期からいくつか奇妙なことが起こり始めていたことに気が付きます。その一つは既に取り上げたような、交換日記における「真似をしないで」という「命令」の出現です。交換日記をしていた子どもたちはきっとびっくりしただろうと思います。えっ、なんで？　と。楽しいノリで、面白おかしいことを書くことが目的の交換日記だったはずなのに、「これは私のデザインだから」というように、「所有」の意識を持ち出す人が出てきていたからです。「所有」の意識とは「法的な意識」の一つの表われです。A子はこの時「NEXT」というような文字を使うことも、「命令」して「使用禁止」「使用停止」にさせようとしていました。

　しかし怜美さんだけはやんわりと、そういう「命令」や「禁止」には、従う理由がないことを、つまり「法的効果がないこと」を訴えました。「法的には無効」だというのです。他の子は、A子の「命令」に従って、使用を停止したり、使用したことを謝ったりしていた中で、怜美さんだけが、正しく反論したのです。この時点で、自分の「命令」がおかしかったのかと思うならいいのですが、A子にとってはきっと怜美さんの反論が「命令」への「違反」と映っていたことが想像されます。そこでもし「命令者」としての自覚はゆるがなかったとしたら、次に出てくるのは「違反者」への「処罰」の意識です。そういう意識が出てくると「正義」は自分の方にあると思ってしまうのです。

　そしてA子が考えたのは、その「罰」を与える意味で、ホームページの書き換えを考えるということでした。A子の中には、怜美さんが何らかの形で「罰」を与えられなくてはならない存在に見えてきていたのでしょう。その時にお互いのHPに入るパスワードを交換し合っていたことは最悪の出来事でした。このパスワードの共有があったために、相手のHPに侵入し、書き換えという「罰」を与えていたつ

もりが、それでも「罰」の効果がないように相手が「立ち上がってくる」ので、今度はHPそのものを初期化するような暴挙に出てしまいます。それでもその「罰」は効いていないみたいで、むしろ相手は、突き放すような、ちょっと優位に立ったかのような書き込みをしているのを見て、さらに強烈な「罰」を与えなくてはとＡ子は自分を追い詰めていったと思われます。罰を与える相手を追い詰めていると思いながら、逆に自分を「法の執行者」「私刑執行者」という方へどんどんと追い詰めていったように思われるのです。

　こういう理解を深めてゆくと、教室の中で、子どもたちが「教育の場」と「法の場」の二重性を着実に体験していっていることがよくわかると思います。そして「法の場」を通して「法の人＝命令者」としての自分を急速に獲得してゆく子どもたちが出てきて、他の子どもへの「命令者」になり、いじめに向かう道も開かれてゆくのでした。

　しかし、この事件では、この「命令者」への目覚めの時期と、「大好きだった友だち」と「対等で生きる」ことを学ばなければならない時期が重なっていました。さらに「大好き」であったがために共有してしまっていたパスワードなどが、二人を深く傷付け合う武器になり、「修復」が出来るはずの時間を待つことが出来ずに大惨事の結末を迎えてしまうことになりました。本当に二人にとって、そして家族にとっても、悔やみきれない悲惨な結末になりました。だからこそ、私たちは、この事件の難しい側面にもっとこころを寄せる必要があるのです。「難しい側面」とは、「法の人＝命令者」が育つ中で、感じてゆく「正義感」の中に、間違いを許す感覚も同時に育ててあげる工夫です。「許し―許される」ことを体験しないで作られる「正義感」ほど独断になる恐れがあるからです。

**コラム**　「お父さんにぼう力を受けています」

● 10歳のSOS

　「お父さんにぼう力を受けています。夜中に起こされたり、起きているときにけられたり　たたかれたりされています。先生、どうにかできませんか」（毎日新聞2019年2月2日）。

　この文章は10歳の栗原心愛（みあ）さんが、父親からの暴力を受けて自宅の浴槽で亡くなる（2019年1月24日）前の、学校のアンケート（2017年11月6日実施）に書いていたSOSの訴えです。

　この父親が、アンケートの存在を知り、教育委員会にそれを見せるように威圧的に迫り、「訴訟を起こすぞ」などと脅しをかけたため、父親の怒りをなだめようと教育委員会はコピーを渡したとされています。

● 「ひみつをまもります」

　「ひみつをまもります」と書かれたアンケートの約束を、いとも簡単に破ってしまった教育委員会。あのカイロ団長の「警察」を持ち出す脅しにそっくりです。しかし、こういう「大人の暴力」が伴うようなケースこそが、「警察との連携」が最も速やかになされるべきものでした。学校や教育委員会、児童相談所の「法的な無知」「法的に守ることの無知」「少年警察への理解の低さ」が、「どうにかできませんか」という苦渋の訴えをした10歳の子どもの命を救えなかったことに、歯ぎしりするほどの怒りを覚えるのは私だけでしょうか。

# 第6章

# いじめへの対策

——「二分の一成人式パスポート」

なぜ「10歳」が大事なのですか。

先生に見えないもの

 10歳は小学校「4年生」という、小学校低学年から高学年への移行の時期です。この頃から子どもたちは「公共の秩序」を意識します。この能力が大事です。

● 「生徒の自治」の始まる頃

「自治」というのは、クラスの秩序を、生徒同士が何らかの「公共の秩序」として維持する能力を持ち始めてきたことを意味しています。そのことも見てきた通りです。しかし、この「自治」は、少数の生徒による仲間意識を育てることにも繋がっています。それは「ギャング・エイジ」として現われるところで見てきました。

その動きは、生徒には見えても、先生にはほとんど見えないものです。そして、先生に見えない中で、こういう仲間の意識は、独自の「掟」をつくり、独自の「締め付け」を強めてゆく傾向も出てきます。そうすると、そういう動きに対して、先生は先生個人の力をいくら発揮しようと思っても、太刀打ち出来なくなるのです。

● 「先生個人の力」では及ばない

私はこういう生徒の仲間つくりや掟つくりの全体を、子どもたちによる「子ども法」つくりと呼んできました。先生は「個人」では、この「子ども法」に立ち向かうことは、段々と難しくなってゆきます。特に、こうした「子ども法」が動き出す頃に、その動きを察知出来ずにいる先生は、「先生の言うことを聞かせるため」に、やたらと大声

をあげて怒鳴ったり、机を叩いて威嚇したりすることになるのですが、でもそういう感情的な行為は、一時的に生徒をびっくりさせることは出来ても、効果は薄いものです。つまり先生が、大声や威嚇といった「個人の力」をいくら使っても、それは本当には持続的な力にはならないものです。

「先生の力」というのは、そういう「個人の力」に頼っても、本当に先生を支える力にはならないのです。先生が「先生の力」を本当に付けたいと思うのなら、この頃に出てくる「子ども法」に対抗しうるような「法的な力」を先生側に付ける以外にはないからです。どういうことかというと、先生は10歳頃のクラスを見る時には、第1章で見たように、教室が、「教育の場」と「法の場」の二重性を持って動き出していることに気が付く必要があるということです。そして「法の場」の方は、既に子どもたちが「子ども法」をつくりながら動き出す場になってきているので、先生はそれに対抗して、先生の主導する「法の場」をつくり出して、子どもたちの「子ども法」とはっきりと向き合わなくてはならないところに来ているということなのです。

● 「自治の力」を「先生の力」にする

問題は、この10歳の時期に先生がこの生徒の「自治の力」から生まれる「子ども法」の力を十分に理解出来ないで過ごしてしまうところです。それは単に見過ごすということに留まらず、その力に向かい合う力を先生がつくり出すことが出来ないことを意味しています。大事なことは、「子ども法」のベースになっている「自治の力」を先生に有利なようにつくり上げ、広げてゆくところにあります。「先生の力」というのは、実はこの生徒の「自治の力」「クラスの力」を生かし、それと協力することによってしか発揮し得ないものだったからです。

斎藤次郎『気分は小学生』は、どんな内容の本ですか。

56歳の小学生

 青森県の百石小学校4年生の教室での様子が描かれています。ここで「子どもの力」が「先生の力」と一体となっている姿を見ることが出来ます。

● 「はじめます」「終ります」

　ここで教育評論家の斎藤次郎氏が小学4年生に「留学」した時の話を紹介します。斎藤氏が小学4年生に「留学」したのは1995年、56歳の時でした。月三回という約束で、青森県上北郡百石町の町立百石小学校四年竹組に通わせてもらうことになりました。その時の記録に、「授業直前の掛け声」の情景が報告されています。もちろん、どの学校にもあるごく普通の情景です。でも、この情景の持つ意味について、実際に生徒の立場になって考察出来たというのは、とても大事なことだったと私には思われます。実際の情景が次のように記録されています。

　例えば、授業がはじまるとき「これから一時間目の学習をはじめます」と日直がいい、みんなが「はじめます」ということになっている。終りのときはもちろん、「終ります」と言う。ただ、みんなの声がそろわなかったり、あまりいいかげんだと、先生に「やり直し！」と怒られる。起立する必要はないが、足をそろえてちゃんと前を向き、手を机の下に入れて背筋をのばす。姿勢を正すのがあいさつの基本というわけだ。それで、気がついた子が仲間に注意することになる。「キヨタカ、足！」とか「ナッちゃん、手！」とか、

やかましく叫び合う。

　特にユキはよくとおる声でピシッと言う。はじめはちょっとこわい感じで、この子、小姑みたいだなと驚いたが、毎日聞いていると決して攻撃的でないのがわかった。言われた方も傷つかない。みんなすなおに注意に従う。彼女のいうのはもっともだとだれもが納得しているのだ。

　（中略）

　この居ずまいを正しての「はじめます」と「終ります」は、公的秩序への入口と出口を確認する儀式なのだ。いくら学校が公的な場だといっても、校門に入るやいなや、子どもたちの表情に変化がおこるなどということはあり得ない。朝の会がはじまるまでと、休み時間には、子どもは特別心理的な制約を受けているようには見えない。

　「朝の会をはじめます」、といった瞬間に、好き勝手な自由時間が終り、教室が公的な場へ変貌するのである。

　　　　斎藤次郎『今ここに生きる子ども　気分は小学生』岩波書店、1997年。

　これはとても大事な情景です。この後、保健係が「健康観察」というのを始めて、身体の具合が悪い人は手を挙げさせ、「風邪をひいています」とか「足が痛いです」とか自己申告させ、さらには宿題、自主勉強、ハンカチ、チリガミなどのチェックをする。係の人がそれを調べて名簿に書きこみ、宿題やヒトベン（自主勉強）を提出していない子の名をよぶ。「〇〇くん、宿題ノートが出てないけど、どうしたんですか」「あっ、いけね！」など。そして「〇〇さんは、五日続けてヒトベンやって来てません。明日は必ずやって来ましょう」などとも言われます。こういう朝の時間も、子どもたちの「はじめます」と

「終ります」のかけ声の中で行われます。

このかけ声には不思議な力があることがわかります。その力を「先生の代行」だからと考えることも出来ますが、なぜそんな力が認められるようになるのかが不思議ですし、とても興味深いところです。

 なぜ「先生の代行」には「力」があるのですか。

**先生の強制力**

 「先生の力」には強制力があります。その力が「みんなの同意」のもとに「公共の力」「法的な力」として作用すると、「代行」にも力があるとみなされます。

● 「法的な拘束力」

たとえば「先生が恐い」とか「先生の力が強い」ということはどういうことなのか、気になりませんか。ここはとても大事なところです。クラスで生徒たちが、先生のいない時も「先生の代行」の指示に従っているのは、ただ「先生が恐い」からそういうことをしているだけなのかというと、それは違うと思われるからです。というのも、4年生の頃になると、この「先生の代行」を通して、先生がいなくてもみんなが自主的に守るべき秩序のあることを意識し始めるようになってきているからです。

自主的に、ということは、押し付けられて守るような秩序ではなく、みんなで決めてみんなで守るような秩序、言葉を換えて言えば自分たちでつくる「子ども法」に従って、みんなで守るという感じなのです。

見かけはいかにも「先生の代行」をしているように見えて、じつは生徒同士の間に、自分たち同士でクラスの中に自分たちの秩序をつくるという意識を育てながら、こういう「代行」をしているところが見えるからです。

　ここで見逃してはいけないことは、クラスの「自主的な秩序」、「先生の代行」と言っているものは、じつは「初期の法的な状況」として生まれて来ているということをよく理解するというところです。つまり「法的な拘束力」を持った動きがこのあたりから始まってきているという認識についてです。

　「先生が恐い」とか「先生の力が強い」というのも、腕力や威圧力が背景にあるのは当然ですが、その「力」の源には「強制力」が先生に認められているというところにあります。椅子に座りなさい、教科書を出しなさい、黒板を見なさい……これらは「強制力」があってのたまものです。先生にこの「力」を認めないなら、生徒たちは椅子にも座らないし、教科書を開けることも、黒板を見ることもしないでしょう。前述の「広がる学級崩壊」として放映された映像で、私たちがあきれかえって見た光景です。こうした先生に与えられている「強制力」が全然効果を発揮しない教室というのはどういう風に考えるとよいのでしょうか。「強制力」を支える先生の腕力や威圧力が少ないというか、欠けているからということなのでしょうか。当然そういうことはあると思います。しかし「腕力」や「威圧力」だけを振りかざす先生の前では、「おとなしい」生徒たちは、先生の居ないところで何をするのかということは、別な話になってきます。

　大事なことは「腕力」や「威圧力」に依存するだけではない「強制力」を、どのようにして教室で実現させるかということです。それはこの「強制力」がただ先生の「腕力」や「威圧力」に支えられてある

ものではなく、「みんなの同意」の下で動く「公共の力」が「法的な力」として作用するところを、先生がしっかりと意識しているかどうかなのです。

　先生がこの「みんなの同意」を大事にしてくれるがために、その「みんなの同意」の下に動くクラスの秩序をみんなが自主的に守るというのなら、そこには、先生がいなくても「先生の代行」が、「先生の代わり」が出来ていることになります。その時の「先生」というのは腕力や威圧力でもって怒鳴り散らす先生のことではなく、「みんなの同意」を大事にする先生のことです。つまり「先生の代行」というのは、「自分たちの意思の代行」ということでもあるので、文字通り「自主的」に行動するということになっているのです。

## 「子ども法」の二つの側面とは。

**公共と仲間内**

一つは「みんなの同意」を実現しようと動く公共の「子ども法」、二つ目は仲間内の「子ども法」。二つとも「法的な仕組み」を持っています。

● **公共秩序をつくる満足感**

　ここでこの４年生あたりからはっきりと芽生えてくる「子ども法」の二つの側面を、先に指摘しておきます。一つは、「みんなの同意」を実現しようと動く「公共の子ども法」と、特定の子ども同士で認め合う「仲間内の子ども法」の二つです。ともに、「強制力」が働き、

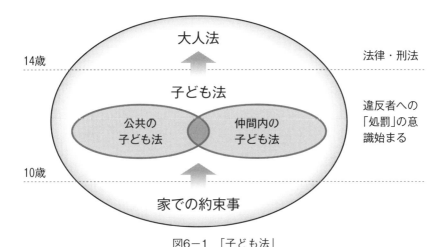

図6-1 「子ども法」
子ども法には二つの面がある。「公共の子ども法」と「仲間内の子ども法」である。

違反するものには「罰」を与える力を持っています。「法的な仕組み」を持っているからです（図6-1）。

　このことを踏まえて、「はじめます」と「終ります」のかけ声で始まるクラスの新しい秩序を、斎藤氏が「公共秩序への入口と出口を確認する儀式なのだ」と指摘しているところはとても大事です。そして次のような光景に目を留めているのは、さすが斎藤氏だと思います。

　　自習中、となりの子に話しておきたいことを思い出したとする。二時間目に予定されている班学習の打ち合わせということもあるし、「忘れものしちゃった、貸してくれる？」とたのみこむこともある。そんなとき、四竹（四年竹組）の子は必ず「用事があってしゃべります」とか「用事があって立ちます」と言うのだ。だれに言うのかわからない。とにかく、そう言ってからでないと机をはなれたり、私語してはいけないとりきめになっているのだった。

これにははじめあっけにとられた。あっちでもこっちでも「用事があって……」と言うから、そのあとの私語より結果的にはうるさい。「用事があって話します」といせいよく言ったカズユキがぼくの耳に口を寄せ、「ジロちゃん、今日、図書室の掃除に来て」などと言うのである。
　宿題やハンカチを忘れて立つのも（このルールは二学期以後なくなった）、私語の前に宣言ふうに断るのも、ルールといえばルール、しきたりといえばしきたりである。しかし、どこか本来の意味あい（そういうものがあればの話だが）とかけはなれたところがあるように思われた。宿題忘れて立つときも、だれもいやそうではない。罰の「立たされる」という感じにはほど遠かったし、「用事があって」と断るときは、正当性を主張するように声はかん高いのだ。このしきたりを子どもは半分以上たのしんでいるように思えた。

　良いところをよく観察されていたと思います。この「用事があって話します……」と言うのは、いまは勝手におしゃべりをしてはいけない時間であることがよくわかっている時、うかつに喋ると「違反」になり「罰」を食らうことをことがわかっているので、そうならないように予防線を張る意味で使われている訳です。誰が使い出したのか、この学校の伝統なのかわかりませんが、なかなかうまく出来た「法」の抜け道です。でもこれがあるおかげで、がんじがらめに「公共の子ども法」に縛られて従うのではなく、適度に合法的に「法破り」のようなことをしていることになっています。
　斎藤氏は、そこのところを「『用事があって』と断るときは、正当性を主張するように声はかん高いのだ。このしきたりを子どもは半分以上たのしんでいるように思えた。それは公的な秩序に従うこと、そ

ういう秩序をつくり上げることに、満足感のようなものを覚えるからではないか」と評価されていました。そこまでは、斎藤氏の観察眼に敬意を表したいと思うのですが、斎藤氏は、ここでの「公共秩序への儀式」というのを、どう理解するか考えあぐねて、次のような「ごっこ遊び」として理解しました。しかし、そのように理解してしまうと、大事なところを見失ってしまうのではないかと私には思われました。

● 「学校ごっこ」
さらに斎藤氏はこう述べていました。

　四年生ともなると、その抵抗にも慣れてむしろ積極的に秩序感覚を身につけていくようなのだ。これは大真面目な「学校ごっこ」なのではあるまいか、とぼくは思った。みんなが「よい子」になっていくのは、先生方の粘り強いしつけの成果とばかりは思えない。おとなが設定した「教育」という名の公的な場を、子どもは固有のルールをもった「ごっこ」を遊ぶ場として選び直しているのではないだろうか。学校が学校として機能できるのは、子どもが「学校ごっこ」としてその秩序を受け入れるからである。そして、授業時間はどんなに長く感じても四十五分で終る。「終ります」のあいさつがすめば、私的な自由な世界に子どもは帰ってこられる。その安心と自信があればこそ、窮屈な制約にも十分耐えることができるし、そこに新しい合理性を見つけることもできるのだろう。
　ぼくは、四竹にまぎれこむことで、みんなのホンコ（本気）の学校生活の舞台で、ひとり「学校ごっこ」をたのしんでいるようなうしろめたさを感じていたが、「学校ごっこ」をやっているのは、ぼくだけではないのかも知れない、と思うようになった。

「ごっこ」という考え方は良くないのですか。

シミュレーションの危うさ

斎藤氏の体験入学は、「学校ごっこ」ではなく、特別に許可された「出席」です。この体験で子どもたちの法的な意識の芽生えを実感することになります。

● 「子ども」と「法」を繋ぐ糸

　斎藤氏のいう「ごっこ」という考えはとても危うい考えです。斎藤氏には月３日の出席の「学校ごっこ」をしている意識があったかも知れませんが、同じように子どもも「学校ごっこ」をしているように考えるのは間違っているからです。こういう状況に「ごっこ遊び」を考えてしまうのは、斎藤氏の頭の中に、この４年生の状況下で「子ども法」が発生し、それが「先生の意向」を背後に持つにしろ、自分たちの意思の合意をもとに「公共の子ども法」が生まれて来ているということへの視点が見えていないところからきています。と言うより「子ども」と「法」を繋ぐ糸を見ようとしない弱点が出てきているのです。

　というのも斎藤氏は、はっきりと「『はじめます』と『終ります』は、公共秩序への入口と出口を確認する儀式なのだ」と指摘していたはずですから、その時の「公共秩序への入口と出口を確認する儀式」というのを「ごっこ」などという軽いイメージでは見てはいけなかったはずなのです。そこでは「ごっこ」ではない「法的な意識」の芽生えをしっかりと受け留めておかなくてはならなかったのです。

　斎藤氏は「子どもは、どんな制度でも、秩序でも、はじめは『ごっこ』として体験するのだ。おとなは意味の体系にもとづいて子どもを導こ

うとするが、子どもの方は目新しいルールのゲームに習熟しようとしているのに過ぎないのかも知れない。学校は、その後に子どもが生きていく『実社会』の初歩的なシミュレーションでなければならない。世間よりもいっそう窮屈な『管理』などまったく必要ないし、シミュレーションだからこそ、逸脱したところで大怪我しないですむ余裕をもっていなくてはならない」と指摘していますが、彼が自分で口にしている「公共性への入口と出口」という考えを「ごっこ」や「ゲームの習熟」の習得の過程と同じように見なすのは本当によくありません。というのも「公共性」は「みんなの合意」を目指そうとするむずかしいもので、それはドッヂボールやゲームのルールを覚えて楽しむのとは次元が違っているのです。斎藤氏は、「公共性」の合意つくりと「ごっこ遊び」の合意つくりを、同じようなものと見なし過ぎているのです。

それでも斎藤氏はさらに、興味深いところを観察していました。次のような場面です。

　朝の会の段階から、ことばつきも改まる。仲間をよぶとき休み時間や放課後は男も女も呼び捨てだが、公的な場になると、「ナツキさん」とか「ユウタくん」になり、「……ます」、「……して下さい」といった共通語が使われる。ちょっとぎこちないところもあっておかしいのだが、同時に声の大きさや調子にも微妙な変化が生じてくる。

これはとても大事な場面です。生徒たちは、「はじめます」と「終ります」のかけ声とともに、まさに「公共の儀礼」の次元に入るので、語りかけも丁寧語になり、クラスメートの呼び方も、正規のものに変わってきます。こういう「丁寧語」や「正規の名前」を使うというのは、お互いを一人ひとり独立した個人として尊重して「敬意」を表す

るということが、前提になってはじめて出来ることなのです。ここに「公共の人」として自分を立ち上げてゆく訓練が始まるのですが、それを斎藤氏のように「ごっこ」遊びと同じような活動と見なすのは、「公共性」の次元を見誤ることになります。

「公共の場」は生まれてくる？

授業の力

公共の場は教室からつくられます。授業は公共の場での時間です。そういう「公共の場」の意識が誕生する時期が小学4年生です。

● 「公共の場」を意識する

　授業は、斎藤氏も指摘されているように「公共の場」としてみんなでつくり上げているものですから、決して「ごっこ」遊びではないのです。でも斎藤氏は、授業中の子どもたちに、ごっこ遊びの時の自由奔放さのようなものを求めているのです。

　最後に斎藤氏は、こう締めくくっています。

　　四年生というのは、公的秩序としての本当の学校と、子どもたちの「ごっこ」の学校とがぶつかり合い、共存している重要な時期なのではないかと思った。四年生に留学できたことは幸運だったのだ。

　この感想は、良いと思います。ただし「公的秩序としての本当の学

校」と「子どもたちの『ごっこ』の学校」と分けて、「本当の学校」は「公的秩序」の方にあるかのように書かれているのは、良くないと思います。子どもたちは「公共の子ども法」と「私的な子ども法」の両方を学校の体験として生きてゆく訳で、どちらかに「本当の学校」があるとは言えないからです。斎藤氏もその辺はよくわかっていて、その二つが「共存している重要な時期」が4年生なのだと言っています。そこは私も大いに同感するところです。

「いじめる子」とは、どういう子でしょうか。

『いじめをする子との対話』

事例1の加代子にも事例2の幸一にも、「いじめっ子」になるそれなりの理由がありました。それは先生との話し合いやクラス会で初めて見えてくるものでした。

● いじめる子

　坂本光男編、三木勍著『いじめをする子との対話』（明治図書出版、1992年）を見てゆきましょう。

　いじめられる子どものことは、新聞社の取材記録や自らのいじめられた体験録などを含めたくさん書かれてきましたが、いじめる方の子どものことはあまり書かれてきませんでしたし、そういう記録を読んだ人は少ないのではないでしょうか。というのも、いじめはたいていひどくなってから「問題」になるので、そうなると、そんなひどいことをする輩は厳罰に処するしかないような処方がなされてゆくのが普

通です。そういういじめがひどくなるのは、小学校の高学年や中学に入ってからで、結局そういう悪質化するいじめは、その「下地」を小学校の中期につくっていたことがわかります。三年、四年の頃です。

　その「下地」とは、いじめをされる方もする方も、ともに「される」「する」というスタイルをつくってしまうという意味です。ということは、こうしたいじめの対策は、その「下地」がつくられる頃に、その双方の下地を突き崩す行動が、双方同時に具体的に体験されてゆかなくてはならないということです。

　ですので、小学校の中期の時点で、いじめをする子どもと向き合った記録を読み、そこから学ぶことが必要なのですが、そういう記録はなかなか見つかりません。それでも私は、少し以前にまとめられたものですが、この本に出会うことが出来ました。そこに報告されている三人の生徒のうち二人を取り上げて、大事なところを一緒に学んでいけたらと思います。ちなみに文中に登場する三木先生とはこの本の著者です。

## 事例① 小学二年生「加代子」

　ここでは、いじめをする子として二年生の「加代子」が「問題」になっています。以下は加代子のプロフィールです。

> 　加代子は身体は小さいが、運動能力に優れていて、運動会ではリレーの選手。鼻も口も小さくかわいい顔をしているが、意に添わないと、「フン」と言ってあごを斜め上に上げたり、にらんだりする。その目は、二年生を威圧するのに十分なものを持っています。授業中など、公の場での発言は消極的ですが、

仲間内では、指示や命令が多く、三木先生とは視線を合わせないで話します。書字はていねいで上手ですが、気に入らないと、何度も消して書き直すようなところがあります。

おおまかなプロフィールは、以上のようなものですが、子ども同士のトラブルは、帰宅ルートや、家が近所かどうかも関わってきます。特に問題となる加代子の帰宅ルートには、早苗と孝子という二人の友だちがいて、クラスの中でも三人はみんなより親しい関係になっていました。ところが、一年生の頃から加代子の「にらみつけ」もあって、みんなから恐れられ、「ボス的な存在」として振る舞っていたので、早苗も孝子も、加代子の言うとおりに従うようにして「一緒に」行動しているのでした。

加代子の方は、帰り道、両親が共働きで家に居ないので、父方の祖父母の家が学校に近いこともあって、そこに早苗と孝子を誘って遊ぶことがしばしばでした。つまり、加代子の都合に合わせるようにして、二人は行動をともにしていた訳です。「問題」はそういう状況の中で起こりました。早苗と孝子の二人は、加代子が恐いものだから、誘いを断れずについつい一緒の行動を取っていたのですが、二年生になって、早苗や孝子のどちらかが誘いを断ると、加代子ともう一人は、一緒になって相手の悪口をあからさまに言ったりするようになってきます。その時は、早苗も孝子も加代子が恐いので、お互いに加代子に合わせて、相手の悪口を言ったりすることになっていました。でも、加代子がたまに祖父母の家ではなく、自分の家に直接に帰る時には、早苗と孝子は手をつないで「きょうは、加代ちゃんがいないから、遊ぼうか」といって一緒に楽しく帰ったりしていました。図にすれば次のよ

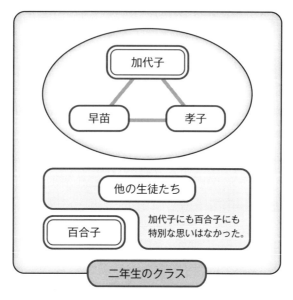

図6-2　加代子を取り巻くクラスの人間関係
加代子の「にらみつけ」に動じない百合子という子もいる。

うになるでしょうか（図6-2）。他の子も、加代子を恐れているのですが、なかには百合子のような、格別に加代子を恐れない者もいるというクラスの状況です。

「問題」が起こったのは、加代子が誕生日のプレゼントに「リカちゃん人形が欲しい」と早苗に言ったと、先生に出す日記に書かれたことからでした。先生は、これをみんなの前で読んでも良いかと、尻込みする早苗から了承を得ます。この日記をもとにみんなで話し合いを持つことを考えました。案の定、その日記を聞いたクラスのみんなは、そんな高価な物を欲しがるなんておかしいということになり、加代子へのそれまでの恐れや不満が口々に出されました。

加代子は泣きながらも、「早苗がお誕生日に何が欲しいと言ったので、リカちゃん人形と言っただけで」と言い、後に書いた日記の中でも「早苗ちゃんが『何欲しい』と言ったので、私は言ったのです。そういうふうに言うなら、聞かなければいいと思います。だって、聞かなければ、私は言わなかったです」と書いていました。そして、こうも付け加えていました。「みんなから恐いと言われるのはいやです。今度から努力したいです」と。
　ここでは先生に出す「日記」が重要な役割を果たしていますが、それをもとにみんなで話し合いを持ったことが、とても大事なことでした。そして孝子は後に日記に、こう書いていました。

　　私が早苗ちゃんと加代子ちゃんの問題でわかったことは、教えなかったからだめだと思いました。私は、加代子ちゃんが悪口とか、仲間はずしをしていて、加代子ちゃんばっかり悪いと思っていました。加代子ちゃんがいない時、「加代子ちゃんは恐いからいやだね」と言わないで、はっきり言った方がよかったです。早苗ちゃんは、「こういうのが四年、六年続いたら、私はいやになる」と言っていました。私もそう続いたら、すごくいやです。それが終わったのでよかったです。

　先生の助言もきっとあったのだろうと思われますが、「陰口」ではなく「ちゃんと気持ちを伝える」ということの大事さを話し合ったというのは、とても根本的なことを確認しあえたと思います。
　ところが、この根本的に大事なことが、子どもたちの間で実現されにくい事態が起こります。「仕返し」が待っていたりするからです。みんなの前では、しおらしく反省したり、直接に気持

を伝える方がよいと言えたとしても、話し合いが終わると、また元の状況に戻ることがあります。そこで「元には戻さない」という「歯止め」をどのようにつくってゆくかという「秘策」が、この時点で「先生」の側にしっかりとイメージされていないと、「いい話し合いが持てた」というだけで、終わってしまうことになりかねません。

　事実、この話し合いの後、早苗が学校に行きたくないと泣くと言って両親が心配して学校に相談に来られました。おそらく加代子のことを書いた日記を読まれたことで、早苗は加代子から恨まれたりしていたのだろうと思われます。「あの人さえいなければ……」と両親に言っていたというのですから、「問題」は「尾」を引いていたのだろうと思われます。先生に向けて書いた日記を、本人の了承を得たとはいえ、それを直接に公表するというのは、後にその子が恨まれる原因をつくることにもなりかねませんから、そこはもう一工夫あっても良かったのかなと思います。

　ところで、「先生」は、これで加代子、早苗、孝子の関係が、すんなりとうまくいくとはもちろん考えていなくて、こういう原因をつくっている加代子のことを知るために家庭訪問し、両親から話を聞いています。学校であったことを話すと、「家でも素直でなく、すごい顔でにらんだりするので、なぜだろうと思っていたんです。学校でも、やっぱりそうですか」と心配なことを話されていました。

　話を聞くと、加代子が三歳の頃、父方の祖父母と一時期同居していて、叔父夫婦が家を建てるというので、その間、叔父の子つまり加代子のいとこを祖父母が預かっていたことがあったといいます。その時、祖父母は、叔父の子を可愛がっていて、この頃の

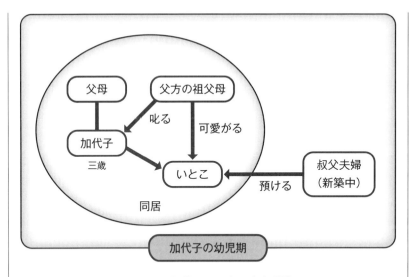

図6−3　加代子、三歳の家庭環境
祖父母との関係は加代子に辛い思いをさせた。

加代子は三歳で我が出て来る時期でもあり、祖父母からよく叱られていて「じいちゃんばあちゃんいやだ」と言っていたというのです。そして加代子が小学校に入る頃に、両親も祖父母の家から少し離れたところに新居を建てることになりました。それまでの経過を図で示せば、図6−3のようになるでしょうか。

　先に弟夫婦が新居を建てるという中で、加代子の父母も心中穏やかではなかったかも知れませんし、叔父の子どもを預かるという変則的な家族構成の中で、加代子の「褒められ」や「叱られ」が、うまくいかなかったのかも知れません。

　だからといって加代子の「にらみつける」というような態度が、そこから形成されたということはストレートには言えません。ただわか

ることは、そういう「にらみつけ」が周りの子どもに威圧感を与え「ボス」のような存在として二年生になってきたということでした。そして学校の近くに祖父母の家があったがために、共働きで人のいない自分の家ではなく、祖父母の家に寄って帰りなさいと加代子は言われていたのかも知れません。でも、加代子からすると、あまりいい思いを持っていない祖父母の家に一人で行くより、友だちを連れて行った方が気が楽だと思い、それで強引に友だちを誘って行ったのかも知れません。

　こういうふうに見ると、加代子の「いじめ」は、簡単には理解出来ないことが、重なり合って起こっていたと考えられます。そんな中で先生たちは研修会を持ち、次のようなこと確認していました。

● **いじめへの対応**
　①いじめの根本的解決は、自立する力をどう育てるかということである。自立する力は、学級集団つくりを進める中で育つ。
　　＊民主的な話し合いを通して、「みんなで決めて、みんなで実行する」というスタイルをつくっていく。
　　＊学級の仕事をみんなで分担し、力を合わせて遂行していく。
　②「いじめっ子」「いじめられっ子」に自信を持たせる指導を進め、自己の存在価値を自覚させる。
　　＊子どもをまるごとつかみ、肯定面を評価し、本人に認識、自覚させる。
　③「学び合う授業」をつくりだす。
　　＊話し合い、討論を重視した指導過程を工夫し、全員が発表する授業をつくる。
　④父母との結び付きを強め、親の考えを学級集団づくりに反映させ、

ともに子育てをする。
＊学級通信を発行し、学年間の交流を図る。
＊授業参観・懇談会の内容を計画的に進め、子どもの理解に努める。
＊子どもが一日休んだら、かならず家庭訪問をする。

● 「いじめ」に気付いたら、どうするか
①事実を明らかにしていく。ただし、事実解明の過程で新たな「いじめ」が起こらないように配慮する。
②一方で「いじめっ子」との対話や家族との対話を積極的に行い、その背景を明らかにしていく。
③「いじめっ子」を叱るという性急なやり方を避け、学級や班の取り組みの中で、その行為・行動を批判させる。
④「いじめられっ子」の心の痛みを表現させて、いじめが非人間的な行為であることを認識させる。
⑤学級会、児童会に討論を巻き起こしていく。

　「いじめ」を子どもの成長の糧としていく、つまり、「いじめ」が起こらないことを願うのではなく、解決の過程を大切にして、子どもたちの中に平等・対等な関係をつくり出していこうということが確認出来たのは、教師に明るい見通しを与えることが出来た。また、一人で悩むのではなく、どの学年の問題でも卒直に意見を出し合うことを確認し合えたことは、若い教師に勇気を与えることとなった。

　ここでとても大事なことが先生たちの間で確認されていたと思います。それは、学級会や児童会を、意識的に「みんなで話し合う場」としてつくってゆくという試みです。そのことが最初に述べられていた

次のことに繋がっていると思われます。

「いじめの根本的解決は、自立する力をどう育てるかということである。自立する力は、学級集団づくりを進める中で育つ」

ここで言われる「自立する力」というのは、困ったことが起きた時に、自分たちで「学級会」を開き、自分の言葉でそれを訴えるという「力」を付ける、ということです。それが、「民主的な話し合いを通して、『みんなで決めて、みんなで実行する』というスタイルをつくっていく」という言い方になっています。「民主的な話し合い」というのは、使い古された大人の言葉ですが、先生たちには、リアリティがあったものと思われます。

● みんなで話し合う

加代子との話し合いの例でとても良かったと思うところがあります。それは、加代子が「リカちゃん人形が欲しい」と言ったことについて、みんなで話し合いが持てたことでした。日記を直接公表するという手段の是非は横へ置いて、このことが明るみに出て、加代子は自分の要求が、みんなから非難されるものだということもわかったと思われますし、早苗も、高額の贈り物を要求されたらみんなにそのことを言ってもいいんだということがわかったと思います。というのも、このことが公にならなければ、加代子は、こういう高額の要求でも、友だちにしていいのだと思ってしまうことになるし、要求された方も、恐いので親にこっそりとそういう物を買って与えてしまうことをしていたかもしれません。

そういうことが一度でも起これば、する方もされる方も既成事実が出来上がり、また同じようなことがくり返される「下地」が出来てしまいます。私が先に「下地」をつくらないことの大事さを指摘してい

たのですが、まさにそういう「下地」を壊すことが、「みんなの話し合い」の中で、自分の体験として実現出来ていたと思われます。

　こうした「一人の生徒の悩み」が、この時点で、「みんなで議論する問題」として持ち出されたことが、なによりも良かったと思います。いじめる側、いじめられる側双方にとって、いじめの「下地」にならずに進んで行けたことが、とても大事なことだったと思います。

## 事例② 小学四年生「幸一」

　なぜか三木先生の今度の転任先の小学校は、四年四組とクラスまで決まっていました。荒れた学年らしい。最初の体育館での集まりの中で、列を無視し、うるさく落ち着きなく、ひときわおしゃべりを続けている一団があって、それが四年四組でした。リーダーは「幸一」。前任者の記録には、幸一の「問題行動」らしきものは何も書かれていません。意図的に破棄されていたのか……。

　「事件」は、まず相次いで金銭が紛失するという形で起こりました。ある子どもの集金袋の三六〇〇円のうち一六〇〇円がなくなり、教室中をさがしたところ、幸一の作業用の軍手から出てきました。幸一は、なぜ入っていたのかわからないと言い張ります。続いて、前担任の教室に遊びに行った時に、カバンの中から集金したお金を盗み出し、そのお金は、空カンの中に入れて畑に埋めて隠していたらしい。友達が「幸一が、お金を持って、みんなに見せびらかしていた」と知らせてくれたことからわかりました。

　三木先生が、幸一と話をすると、前担任の集金袋からいくら取ったかわからない、お金は全部食べ物に使ってしまった。友達にも

おごってしまった、と話した。そして、「家の人には絶対に言わないで」と、懇願しました。先生は、友達がお金をなくして困っていたことや、みんなが真剣に探してくれたことなどを思い出させると、幸一は目にいっぱい涙をためて、「どうしてぼくの手袋の中にお金が入っていたのかわからない。先生は、ぼくを信じてくれると思ったのに……」と訴えたのですが、後で「先生と警察はチョロイ」と言っていたと聞いて、先生は愕然とすることになります。

　前任者に話を聞くと、ようやく次のようなことを話してくれました。

①授業離脱。忘れ物を取りに行くと言って学校を出ると、そのまま帰って来ない。その時、必ず子分（亮と隆）を連れて行っていた。町の人に怪しまれると「町内の道路や店を調べている」と言っていたらしい。そして、給食時間には戻って来ていた。

②盗み。友だちのサイフや手提げから金品を盗る。四年生になってから、数名の子が、幸一が一年生の頃からやっていたと教えてくれた。

③いじめ。三年生の時に転校してきた男子をいじめて、その子は登校拒否を起こしそうになった。家庭訪問で、その子の母親に訴えられた。また、多数の子どもが暴力を振るわれており、女子にも被害者が多い。

④小屋籠城事件。学校の裏にある無人の小屋にたてこもった。学級の子どもの多くが、小屋に集められた。原因は、「先生は、何でもぼくのせいにする」ということであった。そういう「事件」の起こる背後には、次々と問題を起こす幸一に手を焼い

> た前担任の体罰があったらしい。
>
> 　前任者の苦労が想像出来そうです。ものを盗ったりする幸一に手を焼いて、体罰的なことをしたら、それを逆手にとって小屋に籠城するというような構図です。
> 　話を聞いていると、幸一の家の前には真っ黒いマイクロバスが止まっているという。あのボリュームをいっぱい上げ軍艦マーチを鳴らして走る車です。父親は、小屋の籠城事件の後、その車で前任者の下宿に乗り付け、マイクで「○○出て来い。お前は教師ではない」などといって脅したということです。
> 　幸一の母親は一年生の時に別居し、三年の時に父親は19歳の女性と同居し始め、幸一はその女性を「お姉ちゃん」と呼んでいたと言います。
> 　三木先生は職場会を要請し、「幸一問題」を他の先生にも投げかけました。そこで出されたのは「もっと厳しくやった方がよい」という意見でした。でも三木先生は「厳しくやってきたという話を聞いています。子どもが納得しないやり方では，その指導は受け入れられないでしょう」といい、校長も「体罰は認められていない」と付け加えました。

　そこで三木先生は、二つのことを考えることになります。

　①幸一にはっきりものを言える生徒を見付けること。
　②忘れ物をすると「家に戻る」と言って学校を抜け出す習慣を止めること。

②の方は、だんだん抜け出すことはなくなっていったのですが、①の方は難しいものがありました。唯一正義感の強い志保がいたのですが、彼女に重い役割を背負わせる訳にはゆきませんでした。家庭訪問をしても、父親はいずに「お姉ちゃん」だけがいるという状況です。そんなある日、志保が、幸一の暴力のことで昂奮して相談に来ました。
　幸一が豪という学級で最も弱い立場の子どもに暴力を振るったと。そして志保は先生にこう言いました。

　「先生、このままでいいんですか。幸一君は、去年よりずっとおとなしくなった。特に、先生の前ではびっくりするほど素直になり、先生に反抗しなくなった。でも、陰に回ると弱い者いじめをしている。男の人は知っていても知らんふりをしている。女の子は、注意をして髪の毛を引っ張られたりしたことがあるので黙っているけど、男の人よりはいいです。先生、男の人たちに話してみましょう。裕之君も今のままでいいと思っていません。前に、いっしょに学級委員をやったときに、"幸一さえ……なあ"って言っていたんです。もしかすると、幸一さえいなければと思っていたのかも知れないけれど、幸一君のおかげで学級がまとまれるような気がするんです。先生、学級会で話し合ってみましょう」

● **学級総会の開催**
　議長を聡にして、豪に乱暴をしたことを学級総会で取り上げることになりました。「帰りの会」では、度々、志保から問題行動の批判を受けてはきたのですが、そういう問題は学級総会で取り上げられたことはありませんでした。三木先生は、生徒同士で、幸一を追

及出来るのか、もし、出来たとしても、その後で幸一をのけものにしないかどうか、心配しながら、総会を見守ることにしました。

　まず豪の班の班長、尚広が緊張した面持ちで「幸一君は、ぼくの班の豪君を殴ったそうですが、本当ですか」と発言しました。議長の「答えてください」という声に促されて、幸一は「本当です。でも、豪君がにらんだからです」と答えました。すると志保がたまりかねたように立ち上がって、「いつも、にらんだとか、悪口を言ったとか、先に暴力を振るったとか、ひとのせいにするけど、殴るほどのことでもないと思います」と発言すると、「そうだ、殴らなくてもいい」という声が他からも聞こえます。
　すると、裕之が立って、「にらんだかどうかなんて、わからないです。幸一君は、殴ったことをごまかすために言っているんじゃないの」といい「ずるいなあ」という数人の声が上がります。
　そのとき、班長の圭司が、「議長、亮君が発言します。亮君、はっきり言いな」とうながします。そこで彼はみんなに励まされるようにして立って、「幸一君は、"おもしゃぐねえから、豪のことぶっとばしてくっちゃ"と、言っていました」と、消え入りそうな声で発言した。この言葉で、学級の雰囲気が変わった。「ええ、ひどい！」という声が上がった。「じゃあ、さっき言ったことは、うそじゃないですか。どうなんですか」。志保が、びっくりするほど大きな声で言いました。幸一は、答えませんでした。志保の発言に励まされるように、今まで発言したことのなかった子どもたちが次々に発言しました。そして幸一の暴力とそのときのくやしい自分の気持ちを述べました。そんな中で、はっきり発言したことのない豪が立って「ぼくは、いつも幸一君になぐられます。毎日、なぐられます。痛

いからやめてください」といったので、みんなはびっくりしました。議長の聡が、「毎日って、本当ですか？」と、幸一に質問を投げかけましたが、幸一は顔を上げませんでした。そのとき、幸一の子分の隆が、「本当です」と言ったのです。

　そして、ふだんの「帰りの会」で、幸一の問題行動が出されて、「絶対、暴力を振るいません」と約束した日ほど、豪や弱い子どもをひどく殴っていたことも判明してきます。「先生と警察はチョロイ」といっていた幸一の言葉が先生の脳裡に浮かびます。そして、「二倍にして返せ」という父親の言いつけを実践していた幸一のことも思い出されることになります。

　こういう「事件」の背後には、幸一の淋しさや心の貧しさがあるらしいことは、わかる子にはわかるみたいだった。亮はそれがわかっていて、次のような補足をしていた。「幸一君は、家ではおとなしいんです。父ちゃんがおっかないからです。だから、外でいばるんです。幸一君もかわいそうです」。亮の発言は、幸一の父親を知っている子どもたちを納得させるに十分であったようだ。発言が途切れた。先生は、話し合いを打ち切らせた。そして、次のように語った。

　「今日のみんなの話し合いは良かった。みんなが真剣だったことと、みんなが本当の気持ちを言ったからです。ここで、先生が話し合いのまとめをしますから、考えてください。

　幸一君は、家であったいやなことをみんなにぶつけていたことがわかりました。しかし、みんなだって、いやなことはたくさんあると思います。家の人に叱られたり、先生に注意されたり、友達と言い争ったりします。幸一君だけではありません。幸一君には、その点を考えてもらいます。これまで、四年四組は、みんなでまとまっ

てひとつのことにこんなに真剣に取り組んだことはなかったと思います。今日は、それをやりました。四年四組は、友達のことを本気で考え、がんばる力があることがわかりました。

　これから、次の点をがんばっていきましょう。ひとつは、どんな理由があっても暴力はやめましょう。ふたつは、困ったことができたら、みんなで考え合いましょう。自分が困っていることは、友達も困っているに違いないからです。先生も、君たちの考えを大切にして、学校が楽しくなるようにがんばります」。

三木先生は、その後、低学年の担任となり、幸一と顔を合わせることは少なくなりましたが、たまに出会うと、幸一はVサインをしていたと言います。その後、幸一が中学生となった時、「ほとんど学校へ行っていない」という噂を聞き、あの「お姉ちゃん」も、もう家にはいないということでした。

「クラスの力」を「先生の力」にするとは、具体的にはどういうことをするのですか。

　　　　　　　　　　　　　　　　　王様の命令

カイロ団長の命令に対して、「王様の命令」が発せられ、あまがえるたちは救われます。この「王様の命令」とは何だったのかを考えることが大事です。

● 喜んではいけない

　『カイロ団長』のあらすじは、既に第1章で説明しています。そこで読者の方は、「王様の命令」のことが気になったのではないかと思

います。それは再度引用すると次のようなものでした。

「ひとにものを言い付ける方法」「第一、ひとにものを言い付けるときは、その言い付けられるものの目方で自分のからだの目方を割って答を見つける。第二、言い付ける仕事にその答をかける。第三、その仕事を一ぺん自分で二日間やって見る。以上。その通りやらないものは鳥の国へ引き渡す」

ちょっとわかりにくいかも知れませんので、あらすじをもう一度詳しく説明しておきましょう。ほんの少しのウイスキーを飲んだあまがえるは、その多額にふっかけられた代金を払えないばかりに、その代わりに自分から「けらいになります」と言ってしまいます。その結果、出来ないような仕事をむりやりさせられることになります。たとえば次のようなことです。

・木を1000本集めて来い。
・花の種を10000粒集めて来い。
・石を900貫運んで来い。

ちなみにいうと、カイロ団長の体重は100匁（もんめ）（1匁は約3.75グラム）、あまがえるの体重は10匁です。そして一貫＝1000匁となっています。このことを考えると、カイロ団長はいかに無茶苦茶な要求をあまがえるたちにしていたかわかります。そしてその要求に耐えられなくなった時に、空のどこかから先に紹介した「王様の命令」が下ったという訳です。それはカイロ団長の「あくどい命令」に対する「お裁きの命令」です。でも物語は、その王様の「お裁きの命令」で終わる訳ではありません。そのお裁きに従って、900貫の石を運ばされることになったカイロ団長が、足をクキッとさせ、クニャっと曲げてしまい、あま

第6章 いじめへの対策——「二分の一成人式パスポート」

表6−1 登場人物の整理

| | カイロ団長（100匁） | あまがえる（10匁） |
|---|---|---|
| カイロ団長の命令 | | ◆木を1000本集めて来い。<br>◆花の種を10000粒集めて来い。<br>◆石を900貫運んで来い。<br>（1貫＝1000匁） |
| 王様の命令 | ひとにものを言い付ける方法。<br>①ひとにものを言い付けるときは、その言い付けられるものの目方で、自分のからだの目方で、自分のからだの目方を割って答を見つける。<br>②言い付ける仕事にその答をかける。<br>③その仕事を一ぺん自分で二日間やって見る。 | |
| （結果） | $\dfrac{カイロ団長（①言いつける方、100匁）}{あまがえる（②言い付けられる方、10匁）} = 10倍$<br><br>②900貫×10倍＝9000貫<br><br>カイロ団長が9000貫の石を運び、足をクキッと曲げてしまう。 | それを見てあまがえるたちは大笑いし、その後シーンとなる。 |
| 王様の新しい命令 | すべてのあらゆるいきものはみんな気のいい、かわいそうなものである。<br>決して憎んではならん。 | あまがえるたちは足の曲がったカイロ団長の足を看病してあげる。 |

がえるたちがそれを見て大笑いした時に、また「王様の新しい命令」が下って「憎んではいけない」と言われ、足の曲がったカイロ団長をみんなで看病してあげるという結末になっています。

　この作品は宮沢賢治の仏教の教えを童話にしたものだとか、資本主義を批判した社会主義風の童話だとか、色々と解釈はありますが、ここでは、普通に読んでわかるところを考えてみたいと思います。とりあえず、その辺の話の流れを表6－1にしてみました。

● **「法には法を」**

　ここで考えたいことはいくつもあるのですが、「カイロ団長の命令」が、彼が勝手につくり出した「命令＝法」になっているというところです。途方もない金額ですが、飲んだウィスキー代を払えというのです。そうでないと警察に突き出し、首をちょん切ってもらうぞというのです。「警察に突き出すぞ」という一言で、カイロ団長の「命令」がいかにも正当な命令であるかのような錯覚を起こさせています。

　こういう状況は、10歳から始まる教室の光景と重ねて考えてもらうとよいと思います。「カイロ団長」というのは、「ギャング・エイジ」とか「仲間」のボスと考えることが出来ます。あまがえるたちは、その団長に「違反」や「違法」を指摘され、しかたなく「言いなり」になっているという光景です。でも、暴力でもってむりやり「けらい」にさせられているのではなく、お金が払えない代わりに、進んで「けらい」になっていたのです。

　こういう状況が10歳頃の教室の中から起こり始めます。問題はそういう身勝手な「法的な命令」を、どうやって阻止してゆけばいいのかということです。物語では、都合良く空の上から王様の命令が下ります。それを物語のご都合主義と非難するのは勝手ですが、現実の教室

でも、こういう身勝手な「命令」ののさばりは、早くに止めなくてはならないものでした。そのための策としては、「法には法を」対応させる以外にはないということです。だから「カイロ団長の法」に対して、「王様の法」が対置させられている訳です。これは、決して物語上のご都合主義からつくられているのではなく、法に対しては法で立ち向かうしかないところがあるからです。とすれば、この空からの「王様の命令」とは、現実にはどのようなものと考えればよいのかということになります。

● 「ひとにものを言い付ける方法」

　「王様の命令」というのは「ひとにものを言い付ける方法」とされているように、「命令」そのもののあり方をきちんと考えましょうというものです。そこで王様が提案しているのは、「たのむ方」と「たのまれる方」の「同じくする原理」というものです。特に「三番目の命令」によく示されているように、「その仕事をいっぺん自分でやってみる」というのは、「相手と同じ事を自分もしてみる」ということです。

　「一番目の命令」も、体重や体力や腕力に違いのあるものに何かをたのむ時には、「ハンディ」を付けて、出来るだけ「同じ条件」になるようにしてたのみなさいという訳です。

　こういう「王様の命令」は、教室の運営にも有効なところがあると思います。「力量の差を平均する」ということと、「相手と同じことをする」という要求です。それを合わせて「同じくする原理」とここでは説明しておきます。

クラスの話し合いの前提となる「六つの合意」について教えて下さい。

インフォームド・コンセント

 なによりも、先生と生徒の合意から始めることが大事です。先生が勝手に権限を振り回すと、「クラスの力」を味方にすることは出来ません。

● 普通の「クラス会」と「特別クラス会（広場）」

　授業に関わる学級運営は、先生が主導の「クラス会」で進められてゆきます。ところが、授業とは別の「いじめ」に関わるようなことを話し合うためには、通常のクラス会とは別のクラス会を設ける必要があります。というのも、繰り返し指摘してきているように、教室は「授業の場」と「法の場」の二重の仕組みでもって動いているものですから、「授業の場」として話し合うことと、「法の場」として話し合うこととは、意図的に分けた方がいいからです。

　そこでいじめのようなことについて話し合う場を、ここでは仮に「特別クラス会（私のいう「広場」）」と呼んでおきますが、そういう「話し合いの場」は、まず先生と生徒の「合意」から始まります。ここで十分な「合意」が取り付けられないと、先生は勝手に先生の権限を振り回しているということになって、「クラスの力」を先生の味方に付けることは出来ません。この「合意」こそが先生の力の源になるもので、何かあれば、この「合意」に立ち戻るようにすべきです。

● 「説明と合意（インフォームド・コンセント）」へ

　この「合意」に近いものを何かにたとえて言うと、病院で行われる

「インフォームド・コンセント」がそれに近いと思います。「インフォームド・コンセント」とは、患者の病を治す時に医師と患者の間で取り交わされる「十分な説明がなされた上での納得と合意」を言います。もちろん、教室での先生と生徒の関係は、病院での医師と患者の関係とは違いますが、教室には教室固有の「説明と合意」があるべきで、それが先生と生徒との関係の潤滑油にもなってゆくのです。

特に「授業の場」の展開は、先生主導の授業書に沿った展開が求められますが、「法の場」としての教室では、何かトラブルが起きると、複数の生徒の「言い分」を受け留める必要もあり、そこでは「解決」への進め方に、先生と生徒との間にあらかじめはっきりとした「説明と合意」があった方がいいのは言うまでもないからです。それがないことで起こるトラブルの方が実は多いからです。

● **クラスの話し合いでの「六つの合意」**

4月。新しい学年が始まるその初日に、先生は最初の重大な提案をします。それは生徒と取り交わす「六つの合意」の提案です。何の合意かというと、いじめ対策に向けての合意です。

先生はまず、私たちはみんな「法で"身の安全"を守られる社会」で暮らしていると説明します。最初に10歳のクラスであれば、文科省の作成した次の低学年用のアンケートを配布し、説明するところから始めます。その「説明」に対して生徒たちの「合意」を求めるのが「インフォームド・コンセント」です。この配布するアンケートは、第1章で紹介した「いじめアンケート」を低学年用に、より具体的に作り直したものです。この項目をクラスのみんなに見せて、こういう項目のどれかを、もし大人が大人の社会でやったら、すぐに警察に訴えることが出来ることを説明します。なぜそういうことが出来るかという

表6-2　アンケートに上げられた項目

| できごと |
|---|
| からかわれたり、わる口やいやなことをいわれた。<br>たとえば……「バカ」「しね」などといわれた。いやなあだ名をつけられた。 |
| なかまはずれや、みんなからむしされた。<br>たとえば……ひる休みにあそびのグループに入れてもらえなかった。 |
| かるくぶつかられたり、たたかれたり、けられたりした。<br>たとえば……すれちがうときに、からだをぶつけられたり、足をかけられたりした。 |
| ひどくぶつかられたり、たたかれたり、けられたりした。<br>たとえば……せなかをつよくたたかれた、足でつよくけられた。 |
| お金やものをむりやりとられた。<br>たとえば……「ちょうだい」「かして」としつこくいわれて、じぶんのものをとられた。 |
| ものをかくされたり、こわされたり、ぬすまれたりした。<br>たとえば……つくえの中からじぶんのものをかってにとられた、くつをかくされた。 |
| いやなこと、きけんなことをされたり、させられたりした。<br>たとえば……ズボン下ろしをされた、ひとのもちものをじぶんだけがもたされた。 |
| パソコンやスマホでいやなことを書かれたり、されたりした。<br>たとえば……じぶんの名まえやしゃしん、わる口を、かってにながされた。 |
| その他<br>このほかに、「いやだなあ」「いたいなあ」とおもうようなことをされた。 |

と、私たちはみんな「法で＜身の安全＞を守られる社会」で暮らしているからです。というのも、この項目に書かれていることは、私たちの「身の安全」が脅かされる、危険な行為ばかりが書かれているからです（表6-2）。

　大人であれば、ここに書かれたようなことをされると、すぐに警察に訴えることが出来るのですが、「みなさんがクラスの中でこういうことをされると、警察に訴えることが出来ると思いますか」と質問を

投げかけます。色々疑問や質問が出てくるかと思いますが、それを聞いた上で、先生は決然とした態度で、言わなくてはなりません。「それは出来るのですよ」と。「身の安全」が守られないような教室や学校に通うくらいなら、その事情を警察に訴えることはとても正しいことだからです。大人なら訴えられるのに、子どもならじっと我慢して訴えてはいけない、などということはないのです。子どもだって「身の安全」の守られる教室や学校で過ごせるように「法」で守られているからです。

そういう意味では先生も、このアンケートに書かれているようなことが教室で行われることを断じて許しません。先生も許しませんし、クラスのみんなも許してはいけません。自分もしないし、人にもさせないことを、この４月の初めに、クラスのみなさんで「合意」したいと思います。生徒全員の挙手があれば、それを「合意①」として先生はまず確認します。

● 「合意①」
「合意①　『アンケートの項目』をわたしはしない、させない」。

でも、つい、してしまうことがありますよね。友だちの行動に腹が立って、悪口を言ったり、手を出したりすることがあります。その時はどうすればよいのでしょうか。すぐに警察にという訳にはゆきません。それで、「身が危険になった」という訳ではないからです。そして、友だちの方も悪気があってやったことではないかもしれないので、なぜそんなことをしたのか聞く方が早道です。でも面と向かって聞いて、また喧嘩にでもなるといけないので、みんなのいる所で、お互いに冷静に言い分を聞く場を設けるのが良いと思いますが、みなさんはどう思いますか。

「それがいいです」という賛同の意見をもらったら、もしアンケートに近いことが起これば、直ちにクラス会を開き、みんなの前で、「合意①」に反することをしていないかどうかの話し合いをする、という「合意」を得るようにします。誰がどういうことをしたのか、クラス会という公開の場で、みんなで確認をするという訳です。なぜ「みんなのいる所で（公開の場で）」なのかということですが、それはすでに「合意①」が、みんなで決めたことだったからです。だからみんなで決めたことに対する違反があれば、みんなのいる前で、その実情を取り上げ、みんなの判断を仰がなくてはなりません。先生はそのことをしっかりと「合意」としてみんなに伝えなければなりません。

● 「合意②」
　「合意②　トラブルは『公開の場』へ持ち出して議論する」。
　もし、「公開の場」で自分が「合意①」に反することをしていたことが、他の人の証言も含め明らかになり、本人の「自分の言い分」も述べた上、自分の間違いを認めるのであれば、今度そういう行為はしないことの文書にサインをして、「クラス会」に残します。
　それでトラブルが終わればいいのですが、「公開の場」にトラブルを持ち込んだことで、逆恨みをしたり、仕返しをしたりすることが起これば、そういうことを恐れて、トラブルを「クラス会」に持ち込まなくなる心配があります。それでは、どうすればよいでしょうか。逆恨みや仕返しは、もっとも卑怯で卑劣なことであると、最初にみんなで「合意」します。それが次の「合意③」です。

● 「合意③」
　「合意③　公にされたことでの『仕返し』を許さない」。

何事でも、公にならなければ、悪いことは続きます。みんなの見ている前で悪いことは出来ないからです。でも、その「公にすること」自体を止めようとする動きが出てきます。さらに、それが止められずに公になれば、そのことを逆恨みし、あとで「仕返し」をするということが出てくることもあり得ます。でもそういうことが許されてしまえば、誰も「公の場」「公開の場」にトラブルを持ち出すことをしなくなるでしょう。そういうことは、断じて許してはいけないと先生は訴えます。そしてそれを許さないためには、ただちにそのことを取り上げる「緊急クラス会」を開くことを決めておかなくてはなりません。「合意④」です。

● 「合意④」
　「合意④　『仕返し』がわかれば、緊急クラス会を開く」。
　ここでは、公の場で事実確認をします。「合意①」「合意②」「合意③」「合意④」に基づき、そういう合意をしてきているにもかかわらず、最もしてはいけない「仕返し」を本当にしたのかどうかの、確認です。もし、したのなら、なぜそういうことをしたのか、みんなの前で理由を説明してもらいます。「仕返し」がいかに卑怯な行為であるか、それがわかっているのかの確認です。それがわかっていて、反省をするのなら、その文書にサインをさせます。
　しかし「反省」はここまでで、この後もまた、「緊急クラス会」に持ち出されたことでの仕返しが起こるなら、クラス会として次に取る態度を先生は決めておかなくてはなりません。それはクラス会でいくら話し合いをしても改善が見られないので、当人の親に学校に来てもらい、本人のサイン入りの文書も見せ、親に現状の報告をすることをみんなに提案します。「合意⑤」です。

● 「合意⑤」
　「合意⑤　『緊急クラス会』でも改善が見られないのなら、親に来てもらい、現状を話す」。
　ここまでくると、親御さんと先生や学校は、ゆっくりと家庭の事情も含め、話をする必要が出てきます。なぜ本人が、そういう「仕返し」のようなことを繰り返すのか。そういうことを繰り返してゆけば、将来大事なものを失ってゆくことになることを話し、親と先生、学校で、家庭での対応の仕方などを話し合うことにします。しかし、家庭でも、そういう対応が難しいということになり、さらには教室でも、みんなとの合意が守れずに、生徒がけがをしたり、身の安全が守れないことがわかると、警察に訴えることもあることを親との間で話し合う必要が出てきます。最後の合意です。

● 「合意⑥」
　「合意⑥　家族と先生と学校が話をしても、違法性の改善が見られないのなら『警察』に訴える」。
　「警察」という言葉、用語に、多くの先生や学校の関係者は、違和感というか抵抗を感じるのではないかと思われます。学校は教育で指導するのに、警察は権力でもって補導や矯正をするのではないか。学校と警察は、水と油なのではないか。なのに、最後は警察に託すのですかと。ここには、そういう古くさい学校の先生の「警察」観があるように思います。「権力」を使うことでは先生も警察も同じところがあるので、このことについては、章を改めて考察したいと思います。
　ここでは先生の決意を生徒にはっきりと主張しておく必要があるので、クラスの生徒の「身の安全性」が先生もクラスも学校も親も保障出来ないようであれば、警察と連携することはあり得ることと、最初

表6-3　六つの合意項目

| | |
|---|---|
| 合意① | 「アンケートの項目」をわたしはしない、させない。 |
| 合意② | トラブルは「公開の場」へ持ち出して議論する。 |
| 合意③ | 公にされたことでの「仕返し」を許さない。 |
| 合意④ | 「仕返し」がわかれば、緊急クラス会を開く。 |
| 合意⑤ | 「緊急クラス会」でも改善が見られないのなら、親に来てもらい、現状を話す。 |
| 合意⑥ | 家族と先生と学校が話をしても、違法性の改善が見られないのなら警察に訴える。 |

にきちんと伝えておかなくてはなりません。「先生の力」を確保するには、この「合意⑥」までの見通しがとても大事です。

● 「クラス会」の流れの見通し

　再度「合意」の過程を並べると表6-3のようになります。これも教室の壁に貼っておくのがいいでしょう。

　なぜ4月の学級の始まる時に、こういう「合意」の段階を説明しておくのかというと、話し合いの見通しを先生にも生徒にもしっかり持ってもらうためです。それは「トラブル—公開の場—先生—学校—親—警察」と話が進んでゆくという見通しです。この見通しを最初の段階で、先生と生徒の両方が共有出来るということはとても大事です。生徒たちも、何のためにクラス会が開かれるのかわかっていないと、どうせ話し合いをしても何も変わらないだろうというふうに思って、いい加減な話し合いで済ませてしまうことになるからです。

　最初の「合意」では、このアンケートに書かれた諸項目は、大人社会であれば即、警察に訴えられても仕方のないものばかりでしたが、クラス会では、みんなで話し合いながら、そういうふうな事態になら

ないように、お互いの気持ちを出し合い、コントロールし合いながら、反省も含め、大きな出来事にならないように、みんなで収めてゆくということを体験し合います。

このクラス会の良いところは、一人ひとりが、教室も大人社会のように「法で守られている場」だということをしっかりと理解してゆくことにあります。そしてそういう理解は、一人ひとりの生徒を「法の人」として育てることを意味しています。そして「法の人」として育つということは、こうした「法の場」を維持するのは、自分たちの力によってであることを意識するところにあり、この「自分たちの力」を「クラス会」の運営で発揮出来ることによって、同時に先生は「個人の力」では得られなかった「力」を、まさに「先生の力」として、手に入れることが出来るようになるのです。

● 「クラス会（広場）」の運営

私がこの「クラス会」を別名「広場」と呼んできている理由は、既におわかりのように、このクラスでの話し合いが、ただ教室の中だけで閉じる話し合いではなく、必要な時が来たら、「トラブル―公開の場―先生―学校―親―警察」と話が進んでゆくことが前提になっているように、教室や学校の外にまで、「話し合い」は開いているからです。というのも、そもそも「法の場」というのは、教室―学校―社会の場のすべてに広がっているものだったからです。そういう広がりを持つ場を「クラス会」というような、いかにもクラスのことだけを話すかのようなイメージにしないために、あえて「広場」というような「外」に繋がっているイメージを強調する呼び方をしてきていたのです。

「教室に"広場"を！」という訳です。

そしてこの「クラス会」が取り組むいじめアンケートの項目は、年

に2回とか学校主導で実施されるようなものではなく、教室の前にいつも張ってあり、お互いが日々気を付ける項目として掲げられています。アンケートは1週間ごとに実施されてもいいと思いますし、「アンケート」という形式にこだわらずに、トラブルを感じたら、自分から進んで、クラス会にかけてもらうようにしてもいいものです。たとえば「悩み掲示板」に「悩み短冊」を貼り付ける工夫をして、それが貼り出されたら時間を空けないで直ちに「クラス会」を開いて対応する、というように。そこは臨機応変に運営してゆくのがいいと思います。なぜなら、トラブルの解決は、先生やスクールカウンセラーに任せるのではなく、クラス会（広場）で即座に解決の道筋を見付けてゆくものになるのが理想だからです。

 **二分の一成人式パスポートについて教えて下さい。**

**法の世界に入るためのパスポート**

 **クラスに「法の人」が育つ力を付けるには、この行事の活用が重要です。六つの合意を確認して大人になるためのパスポートをみんなでつくるのです。**

● 「二分の一成人式」

こうした「合意」は、4月に先生と生徒の間でしっかりと交わされる必要があるのですが、私は、それを「二分の一成人式」というセレモニーとして、9歳や10歳を迎える各教室で行うのがいいと考えています。というのも、現在多くの小学校で行われている「二分の一成人

式」は、ほとんど理念がなく、ただ20歳を成人式として、その半分を「二分の一成人式」としているだけでした。しかしそういう「二分の一成人式」を体験してきた学生からは、次のような真っ当な疑問も投げかけられていました。

　私が10歳の頃で一番記憶に残っているのは二分の一成人式です。先生にもうみんなは半分おとななんだよと言われ、変な気持ちになったのをよく覚えています。また授業参観を開き自分の両親に感謝の手紙を書いてみんなの前で読むというのも「二分の一成人式」の醍醐味でした。参観の日に向けて全員が自分の名前の由来や幼少期の頃を調べ、日頃の感謝の言葉を言う練習をするのですが、でも私は何故クラスのみんなと他のご両親達の前で自分の親に対する感謝の手紙を読まないといけないんだと、疑問に思っていました。「みんなの前では読みたくない」と先生に対して言う子もいましたが、先生は「それはお母さんお父さんに失礼だ、日頃の感謝の気持ちをきちんと言いなさい」と言われていました。私は二分の一成人式でのあの参観は本当に必要だったのかと、更に疑問に思いました。多感な時期に幼少期のエピソードや普段の家での生活を話すことで、必然的に自分と他の子を比較してしまいます。両親が涙を流している子がうまい発表だったという雰囲気は、私は未だに納得出来ません。先生は10歳で行う二分一成人式についてどう思いますか？

● **法の世界へのパスポート**
　「二分の一成人式」についての、この学生の疑問はとても真っ当で重要な疑問です。特に先生に対して、みんなの前で両親への感謝の作文を読みたくないといった生徒の問題提起の重要さは、先生たちは気

が付いていなかったと思います。「二分の一成人式」を設ける発想はとても大事ですが、その中身が、自分の名前の由来や両親への感謝の気持ちを手紙にして、ほぼ強制的に書かせるというのでは、そのことを苦痛に感じる子どもたちにとってはマイナスの行事になっています。「二分の一成人式」の内容は、学校によって様々です。「十年間を振り返って文集をつくる」「十年後の自分宛に手紙を書いてタイムカプセルに入れる」「『未成年の主張』のようなものや、親への感謝の言葉を発表したりする」等々があります。また劇や合奏を披露したり、郷土の伝統芸能を再現させたり、いろいろと趣向が凝らされています。

　ある小学校の「二分の一成人式」では、将来自分のやりたいことを、講堂の壇上に上がって一人ひとり大きな声で述べるというものでした。でもそういうことが「二分の一成人式」ですることなのか、私もとても疑問に思っていました。では何をしたらよいのでしょうか。

　これからの「18歳成人」を見据えると、9歳が二分の一ということになります。そしてこの頃が「法の世界」に目覚める時期なのだとしたら、この時の「二分の一成人式」は、まさに「法の世界」に入るためのパスポートを準備してあげるとても大事な行事になることがわかります。そして私の案は、この4月の始まりに、先生と生徒の間で交わす「合意」を、きちんとパスポートとして作り上げる作業をすることではないかと思っています。

　そのパスポートを仮に示せば、図6－5のようになるでしょうか。

　二つ折りの、かっこいいパスポートに仕上げられればいいと思います。生徒たちは、これを持っていれば、自分が何か不愉快なことをされた時は、クラス会に持ち込んでいいのだということが、いつでもすぐに確認出来るようになれば、本当に役に立つものになると思います。

　さらにパスポートの最後の頁には、「特別クラス会（広場）」で「仲

**〈1ページ〉**

**二分の一成人式 パスポート**

教室を安全に過ごせる「法の世界」にし、そこに入るためのパスポート

年　組　氏名＿＿＿＿＿
　　　　担任＿＿＿＿＿

二分の一成人式発行

**〈2ページ〉**

**私は次のことを許しません。**

① からかわれたり、わる口やいやなことをいわれた。
② なかまはずれや、みんなからむしされた。
③ かるくぶつかられたり、たたかれたり、けられたりした。
④ ひどくぶつかられたり、たたかれたり、けられたりした。
⑤ お金やものをむりやりとられた。
⑥ ものをかくされたり、こわされたり、ぬすまれたりした。
⑦ いやなこと、きけんなことをされたり、させられたりした。
⑧ パソコンやスマホでいやなことを書かれたり、されたりした。

**〈3ページ〉**

**私は次のことに合意します。**

合意① 「アンケートの項目」を私はしない、させない。
合意② トラブルは「公開の場」へ持ち出して議論する。
合意③ 公にされたことでの「仕返し」を許さない。
合意④ 「仕返し」がわかれば、緊急クラス会を開く。
合意⑤ 「緊急クラス会」でも改善が見られないのなら、親に来てもらい、現状を話す。
合意⑥ 家族と先生と学校が話をしても、違法性の改善が見られないのなら警察に訴える。

年　月　日　氏名

**〈4ページ〉**

**私は「仲立ち人」をしました。**

○○年○月○日

□□年□月□日

○○年○月○日

□□年□月□日

（この仲立ち人になったことは通知票で高く評価されることを望みます）

図6-5　「二分の一成人式」を迎えた時のパスポート
これは「法の世界」へ入るためのパスポートでもある。

立ち人」をした日付を書いておけばいいと思います。仲立ち人になるということは、公の人になるための努力をしていることであって、そのことは「最後の通知表で高い評価を与えます」ということを、先生が最初にきちんと伝えればとても良いと思います。

 文科省の指導する年2回のいじめアンケートの結果は、どのように処理されているのでしょうか。

**いじめは止んでいる？**

 年2回のアンケートの結果がわかった時には、その「いじめ」はかなり進行しています。それなのに「いじめは終息した」という結果が出ることがあります。

● 年に2回のアンケート

　文科省の指導する年2回のアンケートで、日々の教室で積み重ねられてゆくいじめの実態に、いったいどれくらい現実的な「対応」が出来るのか、きっと多くの方が疑問に感じられていると思いますが、実際にはアンケートくらいしか出来ないのです。その年に2回のアンケート処理については、文科省は「いじめ調査の実施上の留意点」という文書を配布しています。しかしそれは、あくまで実情の「収集」が目的になっていて、数値で教育委員会に報告すること自体が目的のようにもなっているところが見てとれます。実情がわかったらすぐに対応するという目的のものにはなっていないのです。なにせ年2回しか実施されないものですから、すでに事態は進行し、表面上は「いじ

表6-4　アンケート結果の区分

| 未解消　次のA、B、Cの3区分で集計する。 |
|---|
| A（要指導）：いじめに係る行為が止んでおらず、被害児童生徒が心身の苦痛を感じているもの。 |
| B（要支援）：いじめに係る行為は止んでいるが、被害児童生徒が心身の苦痛を感じているもの。 |
| C（見守り）：いじめに係る行為が止んでおり、被害児童生徒も心身の苦痛を感じていないが、行為が止んでから相当の期間が経っていないもの（相当期間とは、少なくとも3か月を目安とする）。 |

めが止んでいる」かのように見えることも起こってしまいます。しかしアンケートの指導では、次のように分類しなさいと指示されています。

　生徒の書いたことの何をもって、こういうA、B、C（要指導、要支援、見守り）の区分けをすればいいのかわからないところですが、でも仮に、Aの事案があるとしても、それは一件、二件と数えられるものなのか、とても問題です。すでに私は「クラス会」の必要性を訴えてきている訳で、会を実施しておられる先生たちは、日々生徒たちのトラブルと向き合い、対応し、事態は常に進行形であるものばかりですから、こういうA、B、Cに分けられないことを切に感じておられると思います（表6-4）。

● データの収集が目的

　ということは、こういうアンケートは、「クラス会」を介して先生と生徒が一緒になっていじめを解決してゆこうとしている「学校」を相手にしているのではなく、「いじめ」と「先生」が切り離されたか

のような「学校」を相手にしているように感じられます。

　事実、こういうアンケートで、なにかの徴候が現われたとしたら、それに「対応」しなくてはならないのは現場の、教室を運営する先生たちなのですが、年2回の間延びしたアンケートで、文科省や教育委員会が実際に欲しがっているのは、データの収集だけではないのかということです。実際のA、B、C（要指導、要支援、見守り）は先生任せなのですから。

　いや先生任せではない。文科省も具体的に先生たちに、どういう「授業」をすれば「いじめ」が防げるのか、具体案を提示してきていると言われるかも知れません。それは、「道徳の授業」を通してです。では実際にそれはどのようなものなのか、見てみたいと思います。

文科省は「クラス会」ではなく「道徳の授業」でいじめ対策を考えることを奨励していますが、これに問題点はあるのでしょうか。

**対策と感想**

「道徳の授業」は、読み物を読むように「いじめ」を取り上げています。「クラス会（広場）」でしか「いじめ」と向き合うことは出来ないにもかかわらずです。

● **文科省は、いじめを「こころのケア」で考えている**

　文科省は、いじめをこころの問題、心理の問題、道徳の問題と考えてきました。だから、トラブルや困ったことがあれば、心理カウンセラー（現在は「スクールカウンセラー」と呼ばれる）に相談するように勧

めたり、一対一のこころのケアのようなスタイルで解決出来るものと考えてきた経過があります。そこには、教室が「法的な状況下」に置かれていて、いじめはハラスメントの動きとして顕在化してきているものであったのに、そういう子どもたちがつくり出す独自の「法的な動き」に注目することが出来ずに、一対一のこころの相談として処理出来ると思ってきたところがありました。ここで紹介する文科省のおすすめの「いじめ対策授業」は、そういう心理主義の延長にある「対策」です。

● 道徳の授業で使われているプリントを読む

　次に紹介するのは、実際に小学6年生の道徳の授業で使われたプリントで、そこに書かれた文章は、実際の生徒のコメントです（図6-6～図6-9）。プリントは全部で5枚あって、最初のプリントに「家でも　道徳　考えてみよう」となっているように、最初の4枚を書いた後、それを家に持って帰って、最後の5枚目を家の人に書いてもらうという様式になっています。

　最初の1枚目に、実際にいじめで自殺をした生徒のことを記事にし、それを読ませて、どう考えたかを問う授業になっています。結構ショッキングな内容だと思います。4枚のプリントを見てゆきましょう。

　1枚目のプリントの設問は以下のようになっていました（図6-6）。
1　上の話を読み、自分に置きかえて考えよう。
　1-1　もし自分がMさんの立場ならどんな気持ちで、どんなことを考えていたか。
　1-2　もし自分がMさんをいじめていた立場ならどんな気持ちで、どんなことを考えていたか。

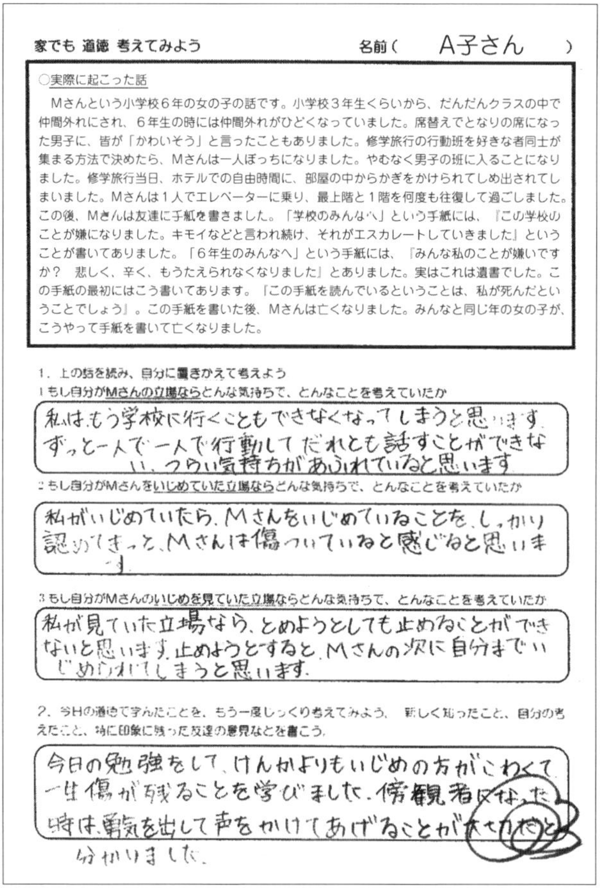

第6章 いじめへの対策――「二分の一成人式パスポート」

> 家でも 道徳 考えてみよう　　　　名前（ A子さん ）
>
> ○実際に起こった話
>
> 　Mさんという小学校6年生の女の子の話です。小学校3年生くらいから、だんだんクラスの中で仲間外れにされ、6年生の時には仲間外れがひどくなっていました。席替えでとなりの席になった男子に、皆が「かわいそう」と言ったこともありました。修学旅行の行動班を好きな者同士が集まる方法で決めたら、Mさんは一人ぼっちになりました。やむなく男子の班に入ることになりました。修学旅行当日、ホテルでの自由時間に、部屋の中からかぎをかけられてしめ出されてしまいました。Mさんは1人でエレベーターに乗り、最上階と1階を何度も往復して過ごしました。この後、Mさんは友達に手紙を書きました。「学校のみんなへ」という手紙には、「この学校のことが嫌になりました。キモイなどと言われ続け、それがエスカレートしていきました」ということが書いてありました。「6年生のみんなへ」という手紙には、「みんな私のことが嫌いですか？　悲しく、辛く、もうたえられなくなりました」とありました。実はこれは遺書でした。この手紙の最初にはこう書いてあります。「この手紙を読んでいるということは、私が死んだということでしょう」。この手紙を書いた後、Mさんは亡くなりました。みんなと同じ年の女の子が、こうやって手紙を書いて亡くなりました。
>
> 1. 上の話を読み、自分に置きかえて考えよう
> 1 もし自分がMさんの立場ならどんな気持ちで、どんなことを考えていたか
>
> > 私は、もう学校に行くこともできなくなってしまうと思います。ずっと一人で一人で行動してだれとも話すこともできない、つらい気持ちがあふれていたなと思います
>
> 2 もし自分がMさんをいじめていた立場ならどんな気持ちで、どんなことを考えていたか
>
> > 私がいじめていたら、Mさんをいじめていることをしっかり認めれずに、Mさんは傷ついていたなと感じたと思います
>
> 3 もし自分がMさんのいじめを見ていた立場ならどんな気持ちで、どんなことを考えていたか
>
> > 私が見ていた立場なら、とめようとしても止めることができないと思います。止めようとすると、Mさんの次に自分までいじめられてしまうと思います。
>
> 2. 今日の道徳で学んだことを、もう一度じっくり考えてみよう。新しく知ったこと、自分の考えたこと、特に印象に残った友達の意見などを書こう。
>
> > 今日の勉強をして、けんかよりもいじめの方がこわくて一生傷が残ることを学びました。傍観者になった時は、勇気を出して声をかけてあげることが大切だと分かりました。

図6-6　道徳プリント「家でも　道徳　考えてみよう」
＊右下の丸印は担任教師による。以降の図も同様。

　1-3　もし自分がMさんのいじめを見ていた立場ならどんな気持ちで、どんなことを考えていたか。
　2　今日の道徳で学んだことを、もう一度じっくり考えてみよう。新しく知ったこと、自分の考えたこと、特に印象に残った友達の意見

などを書こう。

● 「国語」的な感想ではなくて……

こういう設問は、「読み物」となって提示されている文章を、あたかも小説を読むように読んで、こころで感じたことを感想として書きなさいと指示するものになっています。

つまり、こういうことが起こらないようにするためには、クラスでどのような取り組みをしたらよいのかという問いかけではなく、一人ひとりが、それぞれ、「Mさん」に感情移入して書きなさいというのです。

まるで「国語」の教材を扱っているような設問の仕方を、こころの授業としての「道徳」に当てはめているだけの感じです。生徒の方も、指示されたように「悲劇の主人公」を感じ取って、小学6年生なりの「感想」を書き留めていると思います。

確かに、これが「国語」の授業であるのなら、これはこれで「良い感想」が書けているということになるのですが、求められているのは、そういう「国語」的な感想ではなくて、実際に自分のクラスでこういうことが起こったらどうすればよいのかという意見なのではないでしょうか。

第6章　いじめへの対策——「二分の一成人式パスポート」

「クラス会（広場）」を活用している学級では、道徳の教材はどのように見えるでしょうか。
「解決」を考える

「Mさんの傷付いたこころを感じとってあげましょう」は、あまりに的はずれです。「クラス会（広場）」を持つ教室があれば、Mさんの「仲間はずれ」は阻止出来たはずです。

● **クラス会を体験**

　もしもこの教室で、すでに紹介してきている「クラス会」が頻繁に実施され、そこで「いじめ」の項目が絶えずチェックされるようなクラス運営がなされていたとするなら、そういうクラスの生徒の目に、こういう「道徳の授業」の設問はどのように映るのだろうと考えない訳にはゆきません。

　そして、きっと設問に対して、なぜこの学校では、小学３年から始まっていたとわかっている「仲間はずれ」などの行為に対して、それを「クラス会（広場）」で問題にし、「解決」への取り組みが出来なかったのかと疑問を投げかけることになるのではないかと思われます。事実それが４年生、５年生と続き「６年生の時には、仲間はずれがひどくなっていました」というのですから、いったいこの学校やこの学級は、このMさんに何をしてくれていたのだろうという疑問をぶつけなくてはならないはずなのです。事実「クラス会（広場）」を体験してきている生徒たちなら、きっと、そこを問うような感想を書くだろうと思います。

　ところが、この道徳の授業の目的は、あくまで「Mさんの立場」に立って、「Mさんの傷付いた心を感じとってあげましょう」というよ

153

うなところに置かれているのです。

　本当は、Ｍさんの心の痛みを問題にしたいのなら、３年生から始まっていたこの悪質ないじめを、なぜ３年生のクラスでも、４年生のクラスでも、５年生のクラスでも、解決出来なかったのですかと、問うてもいいはずでした。いったい、それぞれの学年の先生たちと学校は何をしていたのですかと。その過程を何も問題にしないで、いきなり６年生まで「仲間はずれ」が続いていましたと書いているのです。こういう記事を読む生徒はもっと先生や学校に憤慨する感想を書いてもよいのですが、多くの生徒にはそういうふうに書く術はないのです。

　というのも、多くの学校では、この本で示してきているような「クラス会（広場）」を体験してきていないので、こういうＭさんのように、３年生、４年生、５年生と何も「対策」らしいことをしてもらえずに６年生を迎える生徒がいても、ほとんど不思議には思わない感覚が育ってしまっているからです。

● **「いじめは無くせない」**

　その証拠に、この授業の二枚目の感想を読んでもらえば、そのことはよくわかるかと思います（図６－７）。

　この生徒は、はっきりといじめは「無くせない」と書いています。それはこの生徒のいたクラスでは、みんなでいじめに立ち向かったという「クラス会（広場）」の体験がないものですから、当然「いじめは無くせない」という感想を書くだろうと思います。

　そして、本当はこういう感想を集計する先生は、こうした感想に自分の教室運営の無力さが暗に批判されているところを読み取っておかなくてはならないのです。

　生徒はここで、書くべき事がないので「平和な未来」とか「思いや

第6章　いじめへの対策――「二分の一成人式パスポート」

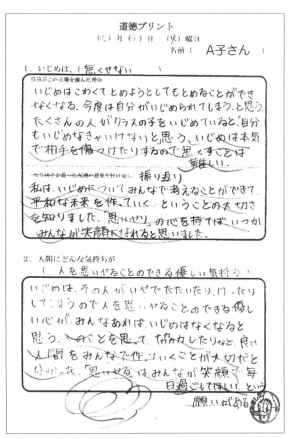

図6-7　道徳プリント「いじめは無くせるか」
＊波線・ハンコも担任教師による。以降も同様。

り」とか「優しい心」とか「笑顔」とか、思いっきり抽象的な、道徳の授業として褒めてもらえそうなことを書くしかないのです。

「なぜ、いじめは絶対にダメなのですか」という質問の問題点は。

いじめは犯罪

 「今さら」このような質問をしているところに問題があります。普段から「いじめは犯罪」と教えていれば、こういう質問はされないはずだからです。

さらに、プリントは次の設問に入っています（図6-8）。

1　なぜ　いじめは絶対ダメなのか。
2　Mさんみたいな人を救うためには、どうしたらいいですか。

この設問も空しいものですが、生徒は何かを書かなくてはなりません。1の設問は、本当はいじめの項目は大人社会では、ハラスメントやさまざまな刑法で罰せられる「犯罪」なので絶対にだめだということでしかないのですが、こういうことは先生が普段からしっかりと教えていることで、改めて質問するのは本当は変な感じなのです。前述の「二分の一成人式パスポート」を持っている生徒ならそれを見せて、「私たちはこの時から先生と合意してやってきていることですから」、とはっきり言えるのですから。しかし臆面もなくこういう設問をあえて先生がするというのは、先生自身が「二分の一成人式」も「パスポート」の存在も知らないからということもありますが、実は先生の中に、いじめと大人社会のハラスメントや犯罪が同質のものであるという認識が不十分なので、ここで色々な「答」が書かれるだろうという認識があるからだと思われます。

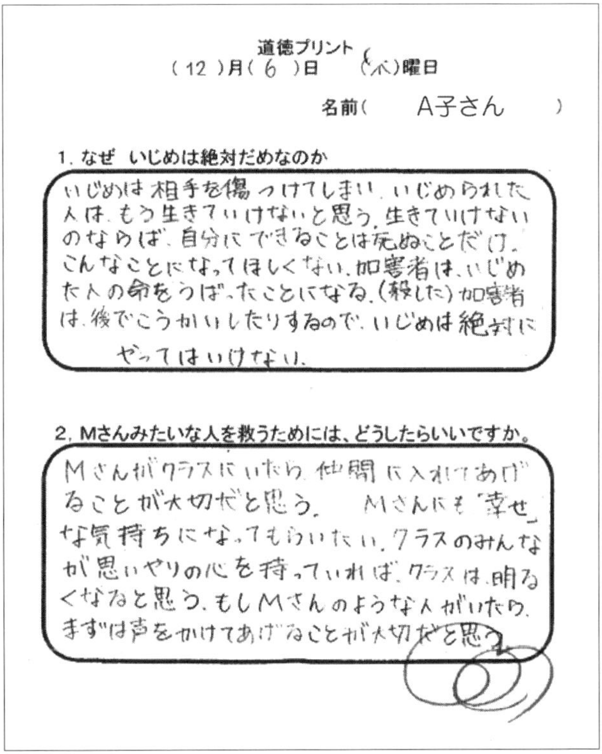
道徳プリント
（12）月（6）日　（木）曜日
名前（　A子さん　）

1. なぜ　いじめは絶対だめなのか

いじめは相手を傷つけてしまい、いじめられた人は、もう生きていけないと思う。生きていけないのならば、自分にできることは死ぬことだけ。こんなことになってほしくない。加害者は、いじめた人の命をうばったことになる。（殺した）加害者は、後でこうかいしたりするので、いじめは絶対にやってはいけない。

2. Mさんみたいな人を救うためには、どうしたらいいですか。

Mさんがクラスにいたら、仲間に入れてあげることが大切だと思う。Mさんにも「幸せ」な気持ちになってもらいたい。クラスのみんなが思いやりの心を持っていれば、クラスは明るくなると思う。もしMさんのような人がいたら、まずは声をかけてあげることが大切だと思う。

図6－8　道徳プリント「なぜ　いじめは絶対だめなのか」

ちなみにここでの生徒の記述は、色々考えた末の書き方のような気がしますが、本当は「犯罪だから」と書くのが正解なのだと思います。

それでも、やるせないのは２番目の設問への答です。本当は、「３年生、４年生、５年生のクラスで、もっと早い学年のうちに、クラスみんなで取り組んでほしかった」と書くべきところです。でもそういうことを書けるのは「クラス会（広場）」の体験者だけなので、ここでは、「仲間に入れてあげることが大切」とか「声をかけてあげる」というようなことしか書けなかったのではないかと思います。

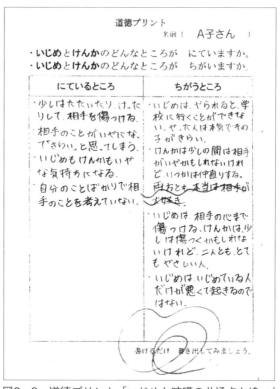

図6-9 道徳プリント「いじめと喧嘩の共通点と違い」

最後はいじめと喧嘩の共通点と違いについてたずねているものですが、6年生としては、よく認識出来ていると思います（図6-9）。

● 的外れな質問

そして別紙として生徒が家に持ち帰り、家族の人に書いてもらう質問用紙がありました。そこでの設問は次のようなものでした。

お家の人と一緒に話し合い、お家の人の意見を書いてもらおう。

1　もし子どもがMの立場ならどんなことを思い、どんな声かけをしますか。
2　もし子どもがMをいじめていた立場ならどんなことを思い、どんな声かけをしますか。
3　もし子どもがMのいじめを見ていた立場ならどんなことを思い、どんな声かけをしますか。
4　これからどのように成長してほしいか、子どもにメッセージを書いてください。

☆　話し合いやお家の人の思いや考えを通して思ったことや感じたことを書こう。
☆　「家でも　道徳　考えてみよう」で学んだことを、これからの自分にどう生かしていくか書こう。

　最後の設問では、こういう「道徳の授業」で学んだことがあれば書きなさいという設問なのですが、私が親であれば、「なぜ、この学校は、被害児童が３年生から６年生になるまでいじめを放っておいたのか」と問い、こういう学校の無策の結果、長引かせられたいじめの事例を、「なぜ子どもたちに読ませて感想を書かせようとするのか、その意図が解りません」と書くだろうと思います。本当に大事なことは「Mさんの立場」を問題にするようなことではなく、「クラス全体」でいかにいじめに向かい合ってゆくのか、その学校の「クラス運営」を問題にすることにあったはずなのです。私が「いじめの対策」を「道徳」で出来ると考えている文科省の発想そのものに非現実的なものを見るのはそこなのです。

## コラム 宮沢賢治のいじめ論

● 『猫の事務所』の書記のかま猫

　賢治はいじめに関わる童話をいくつも書き残しています。

　猫の事務所は「お役所」のような仕事をしており、多くの猫たちの憧れの職場です。事務長は黒猫で、部下の書記は四人と決まっていて、白猫、虎猫、三毛猫、かま（竈）猫が選ばれて仕事をしています。ところが、このかま猫は、かまどで寝泊まりし、煤で汚れて真っ黒なので、他の三人の書記から嫌われています。かま猫は優秀な猫でしたが、この事務所の書記になれたのは、事務長が黒猫で、このかま猫の黒色が気に入って選抜したかのように見えていました。

　三人の書記は、折りに付け、かま猫が善意で立ち回る行動にケチを付け、愚かな猫であるかのように笑いものにしています。そんなある日、かま猫が、風邪で休んでしまいました。

　その時に、三人の書記は、事務長に、次の事務長は自分がなるんだとかま猫が言っているという嘘の情報を告げ口します。それを聞いて、黒猫の事務長は激怒し、せっかく目を掛けてやっているのにと、かま猫の仕事を取り上げ、他の三人に割り振ってしまいます。風邪が治り事務所に出勤してきたかま猫は、自分の机から書類が消え、それをみんながしていることに気が付きます。かま猫がしくしく泣き出してもみんな知らん顔で、楽しそうに仕事をしています。

●事務長の黒猫は"教師"の暗喩？

　その時に、事務長の後の窓から覗いている者がいました。大獅子です。その大獅子が事務所に入って来て「お前たちは何をしているのか。そんなことで地理も歴史も要ったはなしでない。やめてしまへ。えい。解散を命ずる」と言ったので、事務所は廃止になりました。

　というのが、この童話のあらすじです。一見すると、ひどい同僚たちのいじめの話のように見えますが、この話で大事なところは事務長の存在です。彼は日頃から、「黒猫」のなじみでかま猫をひいきしていたところが、同僚にも見えていたのかも知れませんし、「偽の陰口」を検証もしないで鵜呑みにしてしまうなど、事務長としてあるまじき振る舞いをしています。

　ここには学校の教室で起こる先生と生徒の関係を暗示しているところが見えます。いじめをする者の卑劣さと、その卑劣さを助長させるような言動を普段からしているかも知れない教師のあり方。

　様々に読み取れる、味わい深い童話です。

第7章

# 10歳からの「法」

——「少年法」との関わりについて

**10歳から始まる様々な力について教えて下さい。**

### 言い分の比較

 10歳頃に芽生える「比較の力」は、幼児期のそれと違って、それぞれの「言い分」の比較をするようなものに変わってきています。

● **10歳から生まれる新しい"力"**

「いじめ」を考えるためには、「10歳」という時期についての理解を特別に深めなければなりません。なぜ10歳が大事なのかというと、この頃に、今までにないタイプの「比較する力」が出てくるからです。つまりその「比較の力」が子どもたちを大きく成長させていくのですが、同時にまたその力がいじめをする力にも使われていきます。

「比較の力」といっても、もちろん幼児期から「比較する力」は生まれてきています。たとえば、保育園で大きなケーキと小さなケーキを比べて、大きなケーキが欲しいというのも、比較が出来ているからです。大きいものと小さいもの、優しい人と恐い人、強いものと弱いもの、そういう見た目でわかる比較は小さい時からちゃんと生まれてきています。

ところが9歳、10歳頃になって芽生えてくる「比較の力」というものは、そういう「見た目でわかる」ものの比較ではありません。一言で言うと「言い分の比較」と言えばよいでしょうか。ある人の言い分と、別な人の言い分の、どちらが合っているのだろう、というようなことへの比較です。

第7章　10歳からの「法」──「少年法」との関わりについて

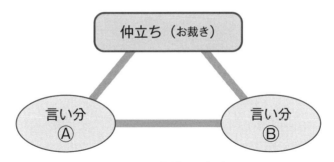

図7−1　比較の三角形
9歳、10歳頃になると、「比較の力」で、仲立ち（お裁き）が出来るようになる。

● 比較の三角形

　つまり、人にはそれぞれの「言い分」というものがあって、それがぶつかると、もめ事や喧嘩になるということです。でも、喧嘩にならないように、両者の言い分を聞いて比較し、仲を取り持つような「調停」や「仲立ち（お裁き）」をすることが出来るようになるということ、そういうことが出来るようになり始めるのが、この9歳、10歳頃からだということです。

　図7−1に示したような状況が心の中で起こり始めていたということになります。

　これは「比較の三角形」と言ってもいいもので、この三角形が生まれてくると、いろいろと気になることもたくさん出てくるのです。

　たとえばこの9歳、10歳頃に「サンタクロース問題」というのが出てくるのですが、それはサンタクロースがいるのかいないのか、そういう疑問が、この頃の子どもたちのこころに出てきているという問題です。たとえば、この頃に誰かが「サンタクロースってお父さんなんだよ、お父さんがこっそりとプレゼントを枕元に置くんだよ、どこの家でもそうなのさ」などと、誰かに聞いたことを知ったかぶりして言う

165

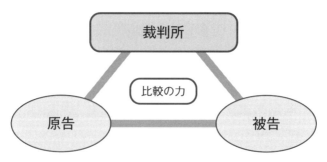

図7-2 「比較の力」は「裁判所の仕組み」の子ども版
「比較の力」の"力"とは、「真実」と「正義」の仕組みを求める力。

子が出てくると、他の子も、そうなのかどうか気になり出します。幼稚園や、小学校の低学年であれば、信じて疑わなかったサンタクロースの存在が、自分の中で怪しくなってきます。そういうことが起こるのも、こころの中に、「言い分A（サンタクロースはいる）」と「言い分B（サンタクロースはお父さん）」が比較され始め、自分の中で、自分はどう思うのか考えなくてはならなくなってくるのです。そして、他の人たちの言い分も聞きながら、自分なりにサンタはいるとかいないとかの「お裁き」をしてゆくことになります。

こういう「比較の力」の出現は、幼児期の比較とは根本的に違ったもので、後の「真実」と「虚偽」を見分けるための重要な力を育ててゆくことの土台になるものです。

図7-2は、将来、大人になって出会う、真実や正義を求める「裁判所の仕組み」を示したものです。9歳、10歳の子どもたちの「比較の力」は、この「裁判所の仕組み」の子ども版として芽生えてきているところに、しっかりと注目しておかなくてはなりません。

第7章　10歳からの「法」――「少年法」との関わりについて

「比較」が始まると変わることは。

「劣・負」を嗅ぎ取る

比較する能力が出来ると、優劣が見えます。「格差」を知ったら、すぐ「いじめ」とはなりませんが、「劣・負」とみなされた者は、「いじめられる方」になります。

● 格差に気付く

　いったんこの「比較の三角形」の意識が芽生えると、様々な比較を子どもたち同士がし始めます。なぜなら子どもたちの周りには「比較」する材料がいっぱいあるからです。特に目立つのは、一人ひとりの子どもたちの「容姿」や「能力」の違いです。服装や持ち物の違いに目が行くと、その背後に「経済的・文化的な格差」があるのも見えてきます。それは一人ひとりの「生い立ち」「家庭環境」の違いであって、それは「境遇の違い」としか言いようのないものですが、子どもたちはそこに「違い」を見付け、「比較の対象」にし始めるのです。

　「生い立ち」「家庭環境」などは、その子のあずかり知らぬものであるのに、その子の「特徴」のように捉えられてしまうことが出てきます。たとえば、暴力を振るう父や母のいる家庭、夫婦げんかの絶えない、嫁姑の不仲な家庭、貧しい家庭……ここから生まれる人間関係のきしみや、経済状況の苦しみなどが、子どもの身なりや、持ち物や言動に表われてきます。

　そういう複雑な家庭事情が子どもにマイナスに働く状況をここでは「境遇の不遇性」と言うなら、この「境遇の不遇性」が、「境遇を比較する」子どもたちには、すぐに目に付くことになります。そしてそれ

がいじめの引き金になることはいくらでも起こります。

　もちろん、そういう「格差」の感覚が生まれるから、ただちに「いじめ」が始まるとは限りません。ただ「いじめ」と私たちが呼んでいるものの基本的な形は、こういう「比較」を見付けて、そこに「優劣」や「正負」を見てとり、「劣」や「負」とみなされたものには「罰」を与えるような「お裁き」の感覚が加わると、そこからひどいいじめが始まるところを見ているのです。なぜひどくなるのかというと、「お裁き」を始める子どもたちは、自分たちに「正しさ」があって、いじめられる方に「非」があるからだと思ってしまい、どんどんとそういう「お裁き」をひどくしてゆくことが出てくるからです。

 「掟＝子ども法」をつくり出す子どもたちの心理とは。

見えない時間

 放課後というのは、先生には見えない時間です。その時、「仲間はずし」「のけ者」がつくられます。このグループのルールつくりが「掟＝子ども法」です。

● 「同じもの」を共有する感覚と「掟」つくり

　9歳、10歳頃になって出てくる「違いの比較」は、そういう見方を共有する者たちで「グループ」をつくり始めます。第1章でふれた「ギャング・エイジ（仲間つくりの時期）」がその現われです。

　この時期から生まれる「グループ」は一種独特です。それまでは、

一緒に遊びたいと思う者がいれば、ごく自然に一緒に入って遊ぶことが出来ていたのに、9歳、10歳頃になると事情が違ってきます。入りたいグループに誰でもが入れる訳ではなくなってきているからです。なぜなら、その時期に出来るグループは、「違いの比較」を共有する形でつくられてゆくからです。とくに、放課後に寄って遊ぶグループなどで何がしかの共有物が意識されてゆきます。この10歳頃からつくられるグループは「グループ特有のルール」というものを意識し始めるからです。「同じもの」を共有する訳ですから、グループになる者は誰でもいいということにはならず、「同じもの」を共有する者同士の約束事が意識され始めます。そして、「同じもの」へのこだわりが、「同じもの」を持たない者を受け入れないような動きに少しずつ動いてゆくと「仲間はずれ＝仲間はずし」の意識が出てきます。そうすると、グループに入れてもらえない子どもは、のけ者にされた感じになり、「いじめられ」感覚が生まれてきます。

　先生にはそういう事態が見える時があるので、みんなで仲良く遊びなさいとか、仲間はずれにしないようにと、強く指導する事態が生じます。確かに先生が指導する時には、勝手なグループつくりは許されません。クラスの中では、グループは自由につくられるのが普通です。しかし、先生の見ていない時、特に放課後となると、自分たちの基準でつくったグループで動き出すので、そこは先生にはほとんど見えなくなってゆくのです。

　この10歳頃から始まる、グループでのルールつくりを「掟＝子ども法」つくりと私は呼んできています。なぜそういう呼び方をするのかについては、十分な説明が必要です。たとえば、昼休みに、ドッヂボールやサッカーをするグループが生まれたとします。ここでのルールは、「公平」に行われるのが普通です。反則やインチキがあると、誰もそ

ういう遊びを続けないからです。しかし特定の基準を共有して集まるグループには、そのグループ固有の取り決めが意識されます。それは「掟」と呼んでもいいような厳しいものになることもあります。そして特に問題なのは、この「掟」に沿って、自分たちが「違反者」だと思った者に「罰」を与えるような動きを取り始めることです。そうなると、この子どもたちの「掟」を持つ動きは、「裁き」を意識した「子ども法」の様相を帯びてくることになるのです。私がそうしたグループの動きをあえて「掟＝子ども法」と呼んできているのは、他のサッカーなどで遊ぶグループとの違いをはっきりさせるためでした。

教室にある三つのルールとは。

**共有意識**

一つ目は「授業のルール」、これは先生が決めます。二つ目は「みんなでつくるルール」、これはかなり自由。三つ目は表に見えない「掟＝子ども法」のルールです。

● 次元の違う三つのルール

　「子ども法」の存在を踏まえると、教室や学校には、先生主導でつくられる授業などのルールと、子どもたちが「出入り自由」にしてつくる遊びのグループのルールと、そういう自由さを持たないグループのルールの、次元の違う三つのルールが形成されてきているのがわかります。その中でも、子どもたち同士を拘束し、排他的になり始めるものを、私は特別に「掟＝子ども法」と呼んできたのです。こうした

第7章　10歳からの「法」——「少年法」との関わりについて

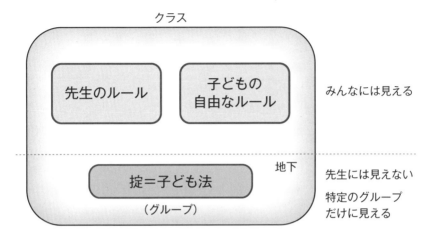

図7-3　三つのルール
「先生のルール」も「子どもの自由なルール」も、基本はみんなで従うルールだが、拘束性はゆるい。それに対し「グループのルール」は排他的な拘束性を持つ。

三つのルールを改めてまとめると次のようになります（図7-3）。

①先生の決めるルール。
②みんなで自由につくり、従うルール。
③グループだけに通用するルール（掟＝子ども法）。

①は先生が学校の指導方針に沿って生徒たちを指導するルールです。②は、昼休みのドッヂボールや鬼ごっこのルールを決める時などにつくられます。これにはみんなが従いますが、遊びが終われば解消されるルールです。遊びには参加してもいいし、参加しなくてもいいとしたら、そのルールは大変自由なものとして意識されています。

でも、放課後のグループは、入るのも自由ではないし、出るのも自由にと言う訳にはゆかないところが出てきます。

もちろん、グループつくりも流動的です。グループつくりは、そもそもは、「同じもの」の共有意識からでした。しかし、「同じもの」を共有していると言っても、時間が経てば、関心もずれてきます。それまでは一緒の関心があったものでも、違うものに関心が移れば、グループのメンバーも変えなくてはならなくなります。そこで、グループから離れたり、違うグループをつくるようなことが起こると、子ども同士でいろいろともめ事が起こります。

● 「ボス」の出現

　そんな中で、グループつくりの「中心人物＝ボス」のようなものが現われることがあります。グループ維持のために「強権」を発揮する子どもです。そうすると、その子の言うことを聞かないと何をされるかわからないというような意識が広がります。そういう経過の中で、初めは仲良しグループであったものが「掟」のようなものに縛られるようになり、その「掟」から外れるような者が出てくると、その者を「違反者」として意識するようになり、そのグループのメンバーで、その子をのけ者にするようなことが起こり始めます。

　この時、子どもたち同士の「掟」に「法的な側面」が強く出てくることになります。私が「掟」を「子ども法」として言い換えるのはそのためです。なぜあえて「法的な側面」を強調するのかというと、法の意識には「処罰」の意識が伴うからです。そして、「掟」が「子ども法」として意識され始めると、そこに「処罰」の意識が芽生えてくることになります。つまり、そのグループの違反者は「処罰」を受けても当然だという意識が生まれることになるのです。そして、実際に「のけ者は処罰を受けても当然」だという意識が長く続くと、処罰を受ける方の苦悩はいつまでも続くことになります。

そこで、もしもそういうことを先生に訴えることがあったとして、表向きはグループのメンバーが謝る形をとったとしても、先生のいないところでは、さらにこの「処罰」の意識は強化されて出てくるので、訴えた方はさらに苦しい思いをすることになります。だから怖くて先生にも訴えられずに辛抱することになります。なぜそうなるのかというと、この「掟＝子ども法」は、先生の見えないところで、「地下活動」としてつくられ動いてゆくところがあるからです。

● 「掟＝子ども法」と「子どもたちのグループ」つくり

こうした「掟＝子ども法」は、従来から、単に「子どもたちのグループ」つくりとか、「グループのルール」つくりとして説明されてきました。しかし私はあえてそういう言い方ではなく、もっと強い言い方の「掟＝子ども法」という言い方を選んで使ってきました。普通の遊びでのルールの目的は、それに勝ったか負けたかを決めるものであって、「ルール違反」があっても、その人を「処罰」するのではなく、選手や参加者のその参加の資格に注文が付けられるだけです。遊びが終われば、ルールそのものが解消してしまいます。しかし「法的なもの」というのはそういうふうにはいきません。「違反者」には、「処罰」が与えられるだけではなく、その「処罰」はいつまでも続けられたり、グループの全員が同じような「処罰」の仕方を続けるということになり、そこで「無視」が決まればみんなで無視をするようなことが起こってしまうのです。

こういうふうに子どもたちが、単なるグループの「ルールつくり」をし始めるのではなく、「法的な意識」を持った、「罰を与える意識」を持った世界をつくり始めるところを、私たちはしっかりと理解してゆかなくてはなりません。

● 「命令者」の出現

　ところで、グループをつくってもいじめの起こらないグループがあります。その一方で、ひどいいじめに発展してゆくグループも出てきます。問題はそこに現れる「ボス的なもの」のあり方にあります。「ボス的なもの」とは、「命令するもの」の存在です。同じ10歳同士なのに、その中に、「命令するもの」と「命令されるもの」が現われるのです。不思議です。

　もともとは対等な、横並びの友だちとしてグループをつくっていったはずなのに、そこから抜けるようなそぶりを見せる子どもが出てくると、グループの安全性が脅かされるように感じ、そうならないように支配力を強めようとする子どもも出てきます。そこで自分の言うことが優先して通るようなグループが出来ると、そこにボスに収まるような者も出てくることになるのです。

 広場から生み出される「子どもたちの力」とは。

仲立ちの仕組み

 いじめが悪質化する過程では「掟＝子ども法」が威力を強めていきます。これに対抗出来るのは「子どもたちの力」です。この力は「広場体験」から生まれます。

● 法に違反すると

　今までの考察がなぜ必要で、なぜ大事かというと、こういう考察の中に、既に「いじめ」と呼ばれてきたものへの根本的な対策が含まれ

ているのが見えてくるからです。というのも、「いじめ」が「掟＝子ども法」の中で、「威力」を強め、悪質化してゆくという過程が見えてくれば、それに対抗するのも、「法の力」しかないということになるからです。「法には法を」ということです。ところがそのように言うと、早とちりして、「厳罰主義」のようなものを思い浮かべる人がいるかも知れません。ゼロトレランス（非寛容）を考えているのかと。

　それは違います。繰り返し見てきたのですが、10歳から「法的な仕組み」つまり「仲立ち（お裁き）の仕組み」を生きることが出来始めるとしても、放っておくと地下活動のようなものとして「掟＝子ども法」を生きることになってゆくので、それは基本的には先生や大人には「見えない」ものとしてあり続けます。なので、表向き、いじめに見えたようなことだけを取り上げて、対象となる子を厳罰に処することがあっても、目に見えないところで進行する「掟＝子ども法」の威力を軽減させるようなことにはならないからです。

　そこのところを、教師や大人が理解することがとても大事だということを、私は訴えてきました。そのことを理解される先生たちは、では実際に「大人」たちが「法」に違反するとどういうことになるのか、まず教える場をつくらなくてはと思うようになると思います。

● **大人の法の話**

　すでに繰り返して指摘しているように、人の悪口を言ったり、人を叩いたり、人の物を隠したり、盗ったり、仲間はずれにしたり、そういうことをすると、大人の世界では必ず処罰を受けることになります。そういう「大人の法の話」をまずしっかりとしなくてはなりません。しかし子どもは許されると思っている人がいるかもしれません。でもそんなことはないのだということも、しっかりと教えることが10歳か

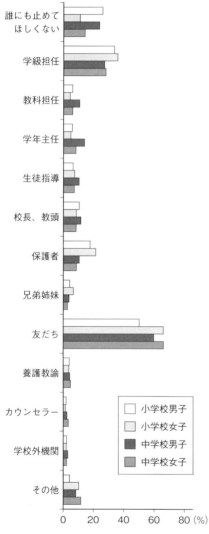

図7-4 いじめを止めてほしい人
学年を問わず、男女問わず、圧倒的に「友だち」。
森田洋司ほか篇『日本のいじめ』金子書房、1999年を改変引用。

ら始まらなくてはなりません。

しかし知識としてのみ「法の話」を学ぶだけでは、実際の子ども同士でつくる「掟＝子ども法」に影響を及ぼすことは出来ません。

となると、「法の話」が、子どもたちのつくる「掟＝子ども法」に影響を与えるように学ぶ場をつくらなくてはならないということになります。しかしそれは「掟＝子ども法」を悪者扱いすることではありません。そういうものをつくり出す「子どもたちの力」は、大人になるためには絶対に必要なものだからです。では、そういう場は、どこでどのようにつくり出せるものなのか。またそういう場は、どういう性格を持ったものにならなくてはいけないのか。

私はその場を教室に「特別クラス会（広場）」をつくるところから生み出されると考えてきました。

友だち同士で起こる誤解を、

第7章　10歳からの「法」――「少年法」との関わりについて

「話し合い」で解消していく場つくりです。これがとても大事なことなのです。そして実際に子どもたちは、「話し合い」で解決していける力を持っていますし、「話し合い」でしかそういう誤解は解消されないということもよく理解出来る年齢に達しているのです。そして何よりも子どもたちは、「友だち」に「いじめを止めてほしい」と思っているのです（図7-4）。

　**友だち関係のこじれを修復するには。**

**特別クラス会**

　**それは「話し合い」です。教室の広場・クラス会で「話し合い」をすることです。特別クラス会、即ち広場つくりが解決策です。**

● 「話し合い」

　現在のいじめ論は、起こってしまった深刻ないじめについての対応をどうしたらいいのかということに終始していることが多く、子ども同士の関係がもつれ始める時期、こじれ始める時期はいつなのか、という認識がしっかりとなされていません。そしてそれが9歳、10歳という時期であることが理解されれば、この時期に、友だちとの関係がそれ以上こじれないようにするためには何をしなくてはいけないのか、その手順をいかに考えなくてはならないかが見えてきます。また「特別クラス会（広場）」の運営の必要性も見えてきます。

　関係がこじれ始めると、その当事者同士でこじれを解くための「話

し合い」をする場をつくるという試みをする筋道です。それ以外にはないのです。「話し合い」をしないで解決することなどありえないのです。「話し合い」をしないで、こじれた関係を修復するような事は出来ないからです。

● 広場体験

　現在の学校の対応は、ひどくなったいじめの相談を受けて、そのいじめられた子どもやいじめた子から別々に事情を聞いて、それぞれに対応するというようなことに終始してきました。こういうことをするのは、いじめが、いじめる子といじめられる子の間で起こっていると教えられているからです。9歳、10歳頃の子どもたちは、誰もが友だちつくりで苦労をし始めています。誰でもが、ちょっとしたことで誤解し合い、気まずい思いをしたり、仲違いをして喧嘩をしたりしてしまうような状況を生きているのです。だから、誤解し合って起こる様々なトラブルに対して、みんなの中で、みんなが見ている前で、そういう誤解を解く「話し合い」をしてみせるということがとても大事なことになってきているのです。そういう「話し合い」を体験する子どもは、自分がトラブルを起こした時にも、こういう「話し合い」で解決、解消出来るのだということがわかるようになってゆきます。

　そうなると子どもたちは、子どもたち同士で広場を開いて、「話し合い」を持とうとするようになっていくものです。そういう試みをすることがとても大事なのです。その広場の体験は、関係の悪化を防ぐ予防策にもなっているのです。

　いじめを事後的に処理をしようとするのではなく、事前に関係が悪化しないようにするのが本当はとても大事なのです。

# 第7章 10歳からの「法」――「少年法」との関わりについて

**「いじめ防止対策推進法」の問題点は。**
ミニチュア版

子どもたちの「心身の健全な成長」を求める旨が書かれていますが、その「健全な成長」の中に、子どもが「法の意識」に目覚めるところが全く考慮されていません。

● 法を使う人間関係

　前項で「大人の心の形」に入ろうとする９歳、10歳の激動期を見てきました。その複雑な状況を踏まえて、その時期から始まる「いじめ」を振り返ると、まさに大人になるために必要な力の出現が禍(わざわい)して「いじめ」と呼ばれる行動が生じてきていることがよくわかります。だから「いじめ」は「悪いことをする」というような見かけの行動で説明出来るものではなく、子どもが「大人の社会の仕組み」を見よう見まねで学び、応用するところから生じていることがもっと理解されなくてはと思います。「大人の社会の仕組み」とは、繰り返して言えば「法の力を利用してつくる人間関係の仕組み」のことです。なによりも「法の力」を使うところが人間社会、つまり大人社会の特徴なのですから。

　「大人社会」のミニチュア版が、10歳から始まるのですが、現在の「いじめ」を論じる大人たちには、自分たちの生きている仕組みのミニチュア版としていじめが起こってきている認識は、十分見て取れないのが現状です。その見本が2013年に制定された「いじめ防止対策推進法」です。

● プロセス（過程）が見えない

　この「推進法」の大事な所にはしっかりと注目しておく必要があります。まず第一条です。そこには「いじめ防止法」の「目的」が次のように記されています。

　（目的）
　　第一条　この法律は、いじめが、いじめを受けた児童等の教育を受ける権利を著しく侵害し、その心身の健全な成長及び人格の形成に重大な影響を与えるのみならず、その生命又は身体に重大な危険を生じさせるおそれがあるものであることに鑑み、児童等の尊厳を保持するため、いじめの防止等（いじめの防止、いじめの早期発見及びいじめへの対処をいう。以下同じ。）のための対策に関し、基本理念を定め、国及び地方公共団体等の責務を明らかにし、並びにいじめの防止等のための対策に関する基本的な方針の策定について定めるとともに、いじめの防止等のための対策の基本となる事項を定めることにより、いじめの防止等のための対策を総合的かつ効果的に推進することを目的とする。

　ここには、判で押したように使われる「心身の健全な成長及び人格の形成」という言葉が出てきます。この場合の「心身の健全な成長」とは、大人になろうとする子どもの成長のことを言う訳ですが、その時の「健全な」という言葉の中身が少しも明らかにされていません。それは、「法的な力」を十分に意識出来、それに従ったり、それで自分を守れるように使えることなどを意味しています。しかし、そういう「法の力」への芽生えをイメージさせるものは、こういう文章からはことごとく省かれていて、その結果、そういう「力」が「いじめ」

を生み出すことになっていることへの考察もなされずに、いきなり、「いじめ」そのものが、交通事故のように「悪いもの」として現われるようなイメージで扱われているのがわかります。

● **苦痛を感じる？**
そして「定義」がきます。

（定義）
　第二条　この法律において「いじめ」とは、児童等に対して、当該児童等が在籍する学校に在籍している等当該児童等と一定の人的関係にある他の児童等が行う心理的又は物理的な影響を与える行為（インターネットを通じて行われるものを含む。）であって、当該行為の対象となった児童等が心身の苦痛を感じているものをいう。

「いじめ」というものが、「児童等と一定の人的関係にある他の児童等が行う心理的又は物理的な影響を与える行為」だと説明されるのですが、この「児童等と一定の人的関係にある他の児童」というのが、あたかも顔なじみのクラスの子どもたちのようにイメージされるかもしれません。しかし実際には特定の子どもたち同士でつくられる「グループ」のことをイメージするのが実態に近いと思います。そしてその「グループ関係」から、「児童等が心身の苦痛を感じる」ことが起これば「いじめ」であるということになってしまいます。結果的に、ある子どもが顔見知りの子どもたちとの関係で「苦痛を感じる」というのは、相当状況がひどくなっていることは事実で、その原因はおそらく次のようにしか考えられません。それは「仲間はずれ」にされるとともに、違反者的な「罰」を受け続けるという状況の出現です。「苦

痛」という強い言葉が当てはまるのは、まさにそういう状況しか考えられないからです。そしてその「罰」のなかには、暴力もあったかも知れません。しかしこの「第二条（定義）」には、そういう法的な状況を子どもたちがつくり出してきているような認識はなく（それが大人になるための健全な育成の大きなステップになっているのにもかかわらず）、誰かが一方的にいじめをして「苦痛」を与えているというイメージを読み手に与えているのです。

● 「法の力」を法で否定する？

そして「第四条」がきます。

（いじめの禁止）
第四条　児童等は、いじめを行ってはならない。

わかりやすい、当然のことを言っているかのように見える一文ですが、不思議な文章です。この一文を論じるだけで、大きな学術論文が書けるのではないかと思われるほどです。この一文は何を言っているのでしょうか。この文章は、「○○をしてはならない」という「命令」の文章ですから、赤信号では「止まれ！」と「命令」していることと同じであり、それは「法の力」を使っているものなのです。しかし、もしいじめと呼ばれるものが、子どもたちなりに「法の力」を使って引き起こすようなものになっていたとしたら、そこで禁止しようとすることは、子どもたちに「法の力」を使ってはならないということを「命令」していることにもなっているのです。でも「児童の健全な育成」を望むのだとしたら、子どもにも「法の力」を意識し、行使し、自分を守るように使えることを望まなくてはなりません。もしそうだとし

たら、この「第四条」は、矛盾したことを言っていることになります。「法の力」を行使してはならないと「法の力」で「命令」していることになるからです。「法」の有効性を「法」でもって否定していることになっているように読めるのです。

● 法的な力の誤用

　そういうふうに読めるこの文章を、では矛盾なく読むためにはどうすればいいのでしょうか。簡単です、この文章に書かれている「いじめ」というものを、「法的な力」が関わって起こっているとは、みなさないという発想を持つことです。たんなる「悪いこと」としてのみ「いじめ」を考えるという発想をとれば、この「第四条」は矛盾を感じることなく読めることになります。そして事実、この「いじめ防止対策推進法」は、「いじめ」を、どこからどう見ても「悪いもの」と見なす視点で貫くようにして書かれているものだったのです。そういう視点は「第十五条（学校におけるいじめの防止）」を読むと、よくわかります。

　ここでは「いじめ」を「悪いもの」として出現していると見なしたいがために、その出現の根拠を「豊かな情操と道徳心」の欠如に求める事になっているからです。だから、「道徳心を培い、心の通う対人交流の能力の素地を養うことがいじめの防止に資することを踏まえ、全ての教育活動を通じた道徳教育及び体験活動等の充実を図らなければならない」というふうに書かれています。これでは、「法的な力」を付けることで「大人」の仲間入りをしようとする子どもの姿や、その「法的な力」のもつ「威力」を知るがゆえに、その「威力」を腕力や暴力や命令の持つような力として「誤用」し「悪用」してゆく道筋がある、という視点を失わせることになっているのです。

183

（学校におけるいじめの防止）
　第十五条　学校の設置者及びその設置する学校は、児童等の豊かな情操と道徳心を培い、心の通う対人交流の能力の素地を養うことがいじめの防止に資することを踏まえ、全ての教育活動を通じた道徳教育及び体験活動等の充実を図らなければならない。

こういう「いじめ」の実態への無理解が公文書の中で展開されると同時に、いじめの研究者の間でも、いじめを次のように説明したりすることが長い間続いてきました。

　現代のいじめは加害者、被害者という関係だけで起こるわけではない。これらの直接の当事者を含めて、まわりでこれを「はやしたり面白がって見ている」観衆と「見て見ぬふりをする」傍観者という四層構造が密接に絡まりあった学級集団のあり方の中で起こっている。観衆や傍観者が否定的な反応を示せば、いじめはクラスからなくなるか、いじめの標的が他へ移されていく。いじめが誰に、どんな手口で、どれだけ長く陰湿に行われるかは、加害者にもよるが、むしろかなりの数にのぼる観衆層と傍観者層の反応の仕方によって決まってくる。いわば教室全体が劇場であり、舞台と観客との反応によって進行する状況的ドラマである。しかし、いじめの場面では舞台と観客とは固定された役割ではなく、観衆や傍観者は常に舞台の上の被害者に回る可能性がある。そのために被害者は事態が悪化することを恐れ、加害者、観衆、傍観者は被害者へと陥れられることを恐れて口を閉ざし、いじめの事実を教師や親に知らせようとしない。　　　（「特集　いじめと人権」『ジュリスト』836号、1985年、p31.32）

こういう理解は、森田洋司氏らが主張してきた「いじめ」の特徴として挙げてきた、加害者、観衆、傍観者、被害者の四層構造論を前提にまとめられている気がします。こうした、いじめを四層構造のように理解するところから、教室をなにやら「劇場」のように見なしたり、舞台と観客の関係のように見なして理解することが流行ったりもしてきました。

世界を「舞台」のように見なし、生きることを「演技する」ことのように見る考えは、特定の社会学者の発想の中などにあるものですが、教室で起こる「いじめ」の問題を、そういう「劇場」のイメージで見ることは大事なものを見失わせてしまいます。特に森田洋司氏らの指導してきた「四層論」は、いじめの理解に間違ったイメージを長い間与え続けてきたと思います。というのも、こういう発想では子どもたちが「法的なもの」を意識し始める過程がまったく見えないようになっているからです。

現実には、加害者、観衆、傍観者、被害者の四層がある訳ではないのです。グループをつくり、そのグループが「掟＝子ども法」を持つ中で、誰もが自分の「違法性」を指摘されないかどうかに恐れおののきながら、自分だけは何とかその「違法性」を見付けられないようにし、「罰」を受ける側に回らないように、友だち関係をコントロールしている状況があるだけなのです。そのことが、ある時は傍観者に見えたり、観衆に見えたりしているだけで、実際はみんなは「法の力」をそれぞれに違った度合いで受け留め、学び合い、利用する状況が教室で起こっていたということなのです。それを「教室の病い」（森田洋司・清永賢二『新訂版 いじめ 教室の病い』）という言い方で説明したり、教室に「悪魔」がいるなどと説明したりするのも、子どもたちの切実に生きる場をさげすむようで本当によくないと私は思います。

いくつもの自分に分かれる体験とは。

「公共の人」つくり

 複数の自分を持つことで、自分を柔らかくし、ダメージを受ける自分があっても、別な自分を意識して乗り切れる人になってほしいものです。

● 一人二役

　9歳、10歳頃から「仲立ち（お裁き）」のこころが始まることは見てきました。これを「比較の三角形」と呼んできました。それは自分の中に「三者」が現われてきて、自分の比較を始め出したことを意味しています。もう少し違ったふうに言えば、一人二役を演じるような自分の意識の持ち方が始まるというふうに言えるでしょうか。つまり、いくつもの自分に自分が分かれ出す体験をするのが9歳、10歳頃からなのだということなのです。

　それは、きっといくつもの自分を持つことで、自分を柔らかくして、周りの多様な現実に合わせてゆけるように、予行演習しているからだと思われます。こういうふうに、自分をいくつもの自分に変身させ、変化させることを体験することで、ある自分がダメージを受けても、別な自分で乗り切ってゆけるような、そういう自分をこの頃から創っていっているのだと思います。

　ここに子どもたちの可塑性と呼ばれる心の柔らかさ、修復力の豊かさがある訳です。

　でもこういうこころの柔らかさ、可塑性は、一人ひとりで体験してゆく部分と、みんなの支えで実感してゆく部分の二つの側面がありま

す。

　そういう意味では「クラス会」の運営や、その中での「話し合い」は、色々な「言い分」をもつ友だちと出会い、その中での自分の「言い分」も持ち出せて、そこでの「仲立ちの意見」を見付けてゆくということになり、自分の言い分だけにこだわらない、幅の広い自分をつくってゆく、とてもいい訓練の場になっていると思います。

　そのことを踏まえると、いじめなどのトラブルが生じても、早期のうちに「クラス会」で話をしてゆけば、誤解や勝手な思い込みが早くに解消されてゆきます。

 **10歳頃に始まる自分実現への動きとは。**

**変身の物語**

 **10歳は、親から離れて自立しようとする年齢です。そこで、自分自身をプランニングします。その時出てくる「我」や自己主張がトラブルを生むことがあります。**

● 誰もが「自分実現（自分プランの修正）」を目指している

　そういう意味では、9歳、10歳頃から、いくつもの自分に分かれる体験を始めるということは、色々な可能性を持った自分を、あれこれと意識し始める頃でもあり、それはまた「自分実現」を目指すようなこころの動かし方を始めていると言えます。

　そういうことをし始めるようになるのは、この頃から子どもたちは、家族から離れて、自分で自分の身を守らなくてはならないところにき

ているということを意味しています。親ではなく、自分で、自分のやりたいことを企画することを始める訳です。自分自身のプランニング（企画立案）ということです。

　ところが、この自分実現は、自己主張でもあり、我を出すということでもありますから、他の子どもの自己主張とぶつかることにもなります。そこから低学年には見られなかったトラブルやもめ事が起こり、そこから派生するいじめも始まります。この「我の張り出し」を、ことわざでは「角が生える」というような「角」のイメージで表わしてきました。

● 角を出す子どもたち

　「角」のことわざは、「角が生える」「角を出す」「心の角」「角を折る」などいろいろあります。そんな中でも、「角を矯めて牛を殺す」のように、牛の少し曲がってみえる「角＝意思」をむりやり真っ直ぐに矯正してやろうとしたがために、その牛を殺してしまうことになることを警告してつくられたものもありました。

　「角」は、自己主張や「我の張り出し」のたとえです。そして９歳、10歳の頃になると、こうした「小さな角」を出す子どもたちが出てくるようになるのです。特に「角」が友だちの「違法性」を見付けて、その「角」で突くということになれば、当然、痛みやけがが出てくることになります。その「小さな角」同士のぶつかり合いも、トラブルやもめ事になります。でも、この頃は、そういう自己主張の出てくる時期なので、それが「角」として出てくることは避けられず、その「角」同士がぶつかり合うことも避けられないのです。

● **自分修正**

　問題はこの頃の子どもたちの間にトラブルやもめ事が起こることにあるのではなく、それが起こった時にどういうことをすべきなのかということなのです。実際にはその答は、自分実現の実践の中に見られます。自分実現とは、自分のしたいことのプランを立て、それがうまくいかなければプランを修正し修復し、そしてまた新たに出来そうなプランを立てて再挑戦するという過程の反復です。その自分実現が「仲立ち（お裁き）」の三者の意識としても、現われてきているので、そういういくつもの自分の自分修正、簡単に言えば「プラン―修復―再挑戦」の過程を子どもたちがたどっている姿が見られます。

　こう考えると、一人ひとりの自分実現のプロセス（プラン―修復―再挑戦）とは別に、子どもたちの間にも修復のプロセスが絶対に必要であることが、わかってきます。繰り返し言ってきたように、大人でも子どもでも、トラブルやもめ事が起こった時、それが早くに処理されれば、長引かずに済み、しんどくなる度合いも少しで済むものです。そして、その時の「早くに処理されれば」と言ってきた「処理」とは、「修復」のことであり、「修復」とは、「話し合い」の場を持つことでしか実現されないものだからです。

　いじめというものの、実態や定義を考えようとする人は、「もめごと」の「修復」というプロセスに、特別の想いを持って理解しなくてはなりません。というのも、「いじめ」の解決は、「早期」に「もめごと」を「修復」することにかかっていたからです。私のいじめ論とは、この「修復」をしっかりと見つめるところから始まっています。

# 第8章

# 学校と警察との関係はどう考えるのか

―― 「連携」の本当の意味

**2013年に文部科学省が出した「学校と警察等との連携」という文章は、どう考えればいいでしょうか。**

まずは「相談」から

 学校と警察の連携はとても難しい問題を孕んでいます。あくまでも、「急」な連携ではなく、お互いの立ち位置の理解が大切になります。

● 「葬式ごっこ」から2週間

　1986年、中野富士見中学で起こった「葬式ごっこいじめ自殺事件」の2週間後に、別の生徒が「お前も鹿川二世だ、自殺しろ」と脅され、暴行され、結果的に警察沙汰になり、暴行した生徒が逮捕された事件は第4章で見てきたとおりです。その時に、東京都教職員組合が「教育現場への不当介入ではないか」という声明を出したことも見てきました。自分たち教員が「いじめ自死」を止められないのに、そのことで訴えた生徒の言い分を聞いて、警察が動いたことを「教育現場への不当介入」と考える認識がまだこの頃には、教職員組合の教師の中には広くあったのです。

　あれから30年、学校と警察との連携は大きく見直されてきています。文部科学省、国立教育政策研究所は、生徒指導・進路指導研究センターの編集で「学校と警察等との連携」という文章を2013年1月に発行しています。このような「連携」が、1986年の時点でなされていたら、鹿川君の自死は防げたであろうことは予測出来ます。しかし、それでも、2013年以降、いじめ自殺がぷっつりと収まったかというと、そうではなかったのです。ともあれ、「学校と警察等との連携」という4頁ほ

どの文章（図8-1）を、警察嫌いの先生はあまり読まれることもないと思いますので、少し抜粋して以下に紹介しておきます。その後で、なぜ、この「連携」が有効に働かないのかについて考えてみたいと思います。

● 「学校と警察等との連携」

リーフレットの最初に、警察から学校へいくつかのエールが送られています。

特に最初の「警察等との連携、まずは『相談』から」という文章には、よく読むと

図8-1　生徒指導リーフ「学校と警察等との連携」表紙
生徒指導・進路指導研究センター編集　文部科学省国立教育政策研究所、2013年。

真っ当なことが書かれているのがわかります。

「学校だけの対応では、指導に十分な効果を上げることが困難であると判断した場合」は、ためらうことなく早期に警察や児童相談所等の関係機関に「相談」して下さいというのです。警察が懸念しているのは、学校で「身の安全」が守れない事態に陥っている生徒がいたら、ということです。

「深刻ないじめや暴力行為等において、特に校内での傷害事案をはじめ、犯罪行為の可能性がある場合には、被害を受けている児童生徒を徹底して守り通すという観点から、警察と連携した対応を取ることが重要」という訳ですから、これは真っ当な指摘ではないでしょうか。

**警察との連携を考える際の二つの視点とは。**

**警察が動く時**

 「日々の連携」と「緊急時の連携」が指摘されていますが、まず「連携ありき」ではなく、まず学校でしっかりいじめを受け止めることが求められています。

● 二つの視点

　続けて、「警察等との連携」を考えるために二つの視点が強調されています。「日々の連携」と「緊急時の連携」の二つの視点です。「日々の連携」とは次のようなことだとされています。

　「日々の連携」は、児童生徒の健全育成の推進、学校と警察等とのネットワークの構築、生徒指導体制の整備などを目的として行われる連携です。たとえば、健全育成の一環として行う交通安全教室や防犯教室、警察等とのネットワークの構築を目指して行う情報交換会や連絡協議会、生徒指導体制の充実を目指して行う警察等の職員を講師に招いた研修会やケース会議などがあります。「日々の連携」を行うに当たっては、目的を明確にした上で警察等の担当者との事前の打合せを十分に行い、双方の役割分担を明確にするなどして、全てを警察等に委ねてしまうことのないようにすることが大切です。

　ここにも真っ当なことが書かれています。実際にも、警察は、交通安全やネット被害などの相談を受けて、学校や父母向けに、講演会な

どを実施してきているのが現状です。でも、このリーフレットは指摘しています。「『日々の連携』を行うに当たっては、目的を明確にした上で警察等の担当者との事前の打合せを十分に行い、双方の役割分担を明確にするなどして、全てを警察等に委ねてしまうことのないようにすることが大切」だと。先生の懸念とは裏腹に、警察の方から、「全てを警察等に委ねてしまうことのないように」と忠告しています。余計なお世話だと、思われる先生もおられるでしょうが、実際に連携が密になれば、どこまでが「日々の連携」なのか気になる先生もおられるだろうと思います。

● 学校側の懸念と、警察側の懸念と

そういう懸念が出てくるのは、学校や教室で、本当にしっかりした「クラス会」や「クラス運営」が実践出来ていないところでは、安易に警察に「お願い」してしまうことも出てくるように思われるからです。

先生方からすれば、それは学校側の懸念のように思われるかもしれませんが、警察の立場に立てば、いじめの相談を何もかも振ってこられても、対応出来ないのは明らかだからです。もっとしっかりと学校で受け留めて、解決に向けての取り組みをして下さいよ、と言いたくなるでしょうから。

だから「日々の連携」というのは、リーフレット通りの「生徒の健全育成のためのネットワークの模索」でいいと思います。大事なことは、二つ目の「緊急時の連携」の方です。

「緊急時の連携」とは、「深刻ないじめや暴力行為等が発生した場合などで、学校だけでは解決が困難な状況になった問題行動等への対応を図る目的で行われる連携」とされています。それは「保護者の理解を求めつつ、ためらわずに警察等に相談」して欲しいというものです。

そして、そういう「緊急時の連携」を行うに当たっては、「校内の生徒指導体制の確立を図った上で、連携の目的を明確にし、管理職と生徒指導担当教員が連携・支援を要請することが大切」としています。「校内の生徒指導体制の確立を図った上で」という但し書きが大事です。そういう体制のない学校との「連携」ではありませんよ、という意味です。

　警察は学校との連携を求めつつも「慎重」な言動を繰り返して示しています。

● 「被害届」の問題
　リーフレットの「ワンポイント・アドバイス」には次のようなことが書かれていました。

　　警察は捜査機関であり、刑事訴訟法上、犯罪があると考えるときは独自の判断で捜査を行います。また、処罰を求める側から捜査の着手を求める手続として告訴・告発等がありますが、実務的には「被害届」が大きな比重を占めています。「被害届」は、犯罪の被害に遭ったと考える者が、被害の事実と処罰の意思を警察等の捜査機関に申告する届出のことで、警察は「被害届」を受理した後、捜査を本格的に行うこととなります。したがって、警察との連携を進めていく上で、「被害届」は一つの大きな鍵となります。

今までは「相談」とか「連携」と言ってきているのですが、実際には警察は「被害届」を受けて初めて動き出せるところがあって、いくら道ばたで殴り合いの喧嘩をしている人がいても、どちらも「被害届」を出さなければ、喧嘩の仲裁はしても、どちらが悪いかの判断をする

「捜査」は出来ないという訳です。そのことを、ここで警察は指摘しています。

いじめの問題でも、「被害届」が出されるようなところまでいけば、警察は本格的な「捜査」を始めることになるのですが、それを出すということは、そこに至るまで学校が何をしていたのかが問われる訳で、そこまで警察は「考えている」ことがわかります。「ワンポイント・アドバイス」には次のようなことも書かれているからです。

　しかし、学校内で起こったことに関して警察の介入を求めることを「教育の放棄」と受け留める考え方が根強いのも事実です。また、「被害届」を出すとしても、どの時点で出せばよいのか、誰が出せばよいのか（学校か被害児童生徒・保護者か）判断が難しいのも事実です。そのため、学校だけではもはや対処出来ない事態に陥りながら抱え込みを続け、さらに悪化させてしまう事例も見受けられます。

　「被害届」は、加害者の行為を止め、被害者を守るとともに捜査という観点からの実態の解明につながる可能性を高めます。そうした意義を踏まえれば、関係する保護者の理解を得ながら「被害届」の提出について警察と相談し、前向きに検討を行うことも大切と言えます。なお、「被害届」が提出された場合、学校は全教職員による加害者・被害者の見守り体制を整えるとともに、被害者の心身の安心と安全の確保に全力で取り組むことが必要です。

書かれている趣旨はよくわかると思います。しかし、こういうことになる事案が、「教室運営」の不全から、「被害」のほったらかしのような状況が続いていて、その結果、保護者も業を煮やし「被害届」を

表8−1　いじめに関係しそうな刑法の関連法規

【通知】「犯罪行為として取り扱われるべきと認められるいじめ事案に関する警察への相談・通報について」

　学校や教育委員会においていじめる児童生徒に対して必要な教育上の指導を行っているにもかかわらず、その指導により十分な効果を上げることが困難である場合において、その生徒の行為が犯罪行為として取り扱われるべきと認められるときは、いじめられている児童生徒を徹底して守り通すという観点から、学校においてはためらうことなく早期に警察に相談し、警察と連携した対応を取ることが重要であること。

　平成24年11月2日付け文部科学省大臣官房長（子ども安全対策支援室長）・初等・中等教育局長通知より抜粋

〔いじめが抵触する可能性がある刑罰法規の例について〕

| 刑法 | 事例 |
| --- | --- |
| 暴行（刑法第208条） | プロレスと称して同級生に殴る、蹴るの暴力をふるった。 |
| 恐喝（刑法第249条） | 因縁をつけた上で、現金等を巻き上げた。 |
| 傷害（刑法第204条） | 顔面を殴打し鼻骨骨折のケガを負わせた。 |
| 強要（刑法第223条） | コンビニで万引きさせた。家の現金を持ち出させた。 |
| 窃盗（刑法第235条） | カバン等の所持品を盗んだ。 |
| 器物損壊等（刑法第261条） | 携帯電話を故意に破損させた。教科書やノートを破いた。 |
| 強制わいせつ（刑法第176条） | 無理矢理に服を脱がせて裸にした。 |

「いじめ対策マニュアル」大阪府教育委員会より改変引用。

出すに至ったというようなことであるのなら、こういう「被害届」を受けて動く方の警察も、それまでなんでもっとしっかりと学校で対応してくれていなかったのかと疑問に思うことになるのは避けられないと思います。

　以上のことを踏まえると、一口に「学校と警察の連携」と言っても、学校側に懸念があるように、警察側にも懸念のあることを、十分に意識される方がいいと思います。

第8章　学校と警察との関係はどう考えるのか──「連携」の本当の意味

● 勘違いしてはいけない

　マスコミで問題になるのは、「いじめ自殺」が発覚して、否応なく学校に警察が入り、すべての捜査を委ねざるを得なくなる事件の場合です。だから、リーフレットで「全てを警察等に委ねてしまうことのないようにすることが大切」と書かれていることは、文字通りに受け留めるべきで、それは結果的に「警察に委ねる」前の段階の「教育」をきちんとしないで、「問題」が学校で対応出来なくなった時点で、丸投げするかのように、「全てを警察等に委ねてしまう」ことにならないようにと、言っているところなのです。そこのところを勘違いしないようにして、「警察との連携」は考えなくてはならないと思います。

2015年、神奈川県教育委員会の出した「学校警察連携制度ガイドライン」(改正版)の要点を教えて下さい。

**連携が先にありき**

警察との連携に関してガイドラインは「児童生徒の個人情報を提供する仕組み作り」を考えていますが、それ以前に学校がすべきことがあります。

● 文科省と教育委員会

　この学校と警察の「連携」の意味は、どこまで、どのように理解されてきているのかは、まだまだわからないところがあります。実際にどれだけの学校が、こうした「連携」を実施しているのかわかりませんが、たとえば2015年4月に、神奈川県教育委員会は、「学校警察連

携制度ガイドライン」(改正版) を定め、次のような「趣旨」を書いていました。少し長いですが主なところを紹介して、問題となるところを考えてみたいと思います。

趣旨

　本制度は、神奈川県立の高等学校及び中等教育学校並びに特別支援学校に在籍する児童・生徒を対象に、教育委員会と警察本部が、相互に児童・生徒の個人情報を提供し、緊密に連携して指導に活用することにより、児童・生徒の非行防止、犯罪被害防止及び健全育成を図ることを目的とするものである。

　平成14年5月27日、児童・生徒の問題行動が深刻化し、少年非行が凶悪化、広域化するなど、児童・生徒を取り巻く状況が憂慮すべき情勢にある中で、文部科学省から各都道府県教育委員会に対して、また警察庁から各都道府県警察本部に対して、「学校と警察との連携の強化による非行防止対策の推進について」により、学校・教育機関と地域の関係機関が連携して取り組むことが一層重要となっており、中でも、学校と警察との連携が極めて重要であり、一層の強化を図るよう通知がなされた。

　この通知を受けて、各都道府県において、学校と警察との間で必要な児童・生徒の個人情報を提供する仕組み作りが始まり、現在では全都道府県において、児童・生徒の個人情報を提供することによる学校と警察との連携制度が整備されている。

　本県においても、少子化、核家族化、高度情報化、さらに著しい都市化の影響などから、近年、児童・生徒に係る様々な課題はますます複雑化してきており、学校だけでは解決が難しい問題が増えている。これまでも学校においては必要に応じて福祉関係機関や医療

機関、そして警察関係機関などとの連携のもと、様々な問題の解決を図ってきた。
　このような中、個人情報の取り扱いについては、神奈川県個人情報保護条例第8条により本人外収集が制限され、また第9条により目的外提供が制限されていることから、学校が児童・生徒の個人情報を警察から収集、又は警察へ提供する場合は、神奈川県個人情報保護審議会に意見を聴く必要があり、平成16年12月に教育委員会は「個人情報の本人外収集及び目的外提供」について諮問を行った。
（略）
　これまで、学校と警察との間では、学校・警察連絡協議会などの組織を活用しながら、連携を進めてきたが、児童・生徒の個人情報の取扱いに係る点で限界があり、必ずしも十分な連携が図られてはいなかった。しかし、本制度の実施により個人情報の取扱いについてのルールが明確化され、これまで以上に学校と警察との連携を図ることができると共に、個人情報の取扱いについての透明性も確保されることとなる。

　ここで誰もが気になることが記されています。文科省の出した「学校と警察との連携の強化による非行防止対策の推進について」の通知に基づいて、「各都道府県において、学校と警察との間で必要な児童・生徒の個人情報を提供する仕組み作りが始まり、現在では全都道府県において、児童・生徒の個人情報を提供することによる学校と警察との連携制度が整備されている」と記されているところです。「必要な児童・生徒の個人情報を提供する仕組み作り」とは何なのかが気になります。そういう懸念を察知してか「基本的な考え方」では、次のように書かれていました。

● 「基本的な考え方」
（基本的考え方）
　第2条　本制度は教育的配慮のもとに運用されるものであり、警察への情報提供に当たっては、児童・生徒に対し保護者と連携して十分な指導・支援を積み重ねた上で、情報提供するものとする。
　また、警察から収集した情報をもって、当該児童・生徒に対して、不利益となる処分をすることなく、事案に関係する児童・生徒が健全な学校生活を送ることができるよう、保護者や警察との連携のもとで継続的な指導・支援を行うものとする。

　なにやら「学校と警察との連携」の名の下に、さまざまな個人情報が、「予防」としても提供されたりするのではないかという懸念も出てきかねない話の流れが読み取れます。そういう懸念が出てくるのは、この「学校と警察との連携」が、なにかしら「連携」が先にありきのように解釈されかねないような理解のされ方をしているように読みとれるところがあるからです。
　本当は10歳の「クラス会」からしっかりと学級運営がなされていれば、いじめの重度化も防げてゆけるはずなのに、その手立てが出来ていないままに、いじめが重度化してしまう部分だけを大きく取り出して「警察との連携」や「個人情報の交換」というようなことを制度化しようとしているのなら、それは大変間違ったことをしていると言わざるを得なくなります。

第8章　学校と警察との関係はどう考えるのか──「連携」の本当の意味

 一人ひとりが「法の人」としての「力」を付けるには、どうすればいいでしょうか。
**本当に大事なこと**

 先生が「クラスの力」を共有出来れば、「法の力」を身に付ける教育が出来、いじめは防げます。そのためにも「教師に力を」、は最も大切です。

● 国家権力

　こういう「警察との連携」が求められる事態が起こってきたのは、「学校」や「先生」に「力」がなくなってきたからと思われているところがあります。さらに、一人ひとりの生徒には、もっと「力」がない（彼等を「傍観者」などと呼ぶ学者が出てきたことも手伝って）と思われる事態も続いてきています。なぜそんな事態が続いてきているのでしょうか。

　すでに指摘してきたように、かつて1960年代、学校と警察が激しく対立していた頃は、左翼運動をしていた教師たちは、警察を「国家権力の手先」と呼び、警察が学校に入ることを、「国家権力の教育への不当介入」とみなし糾弾するという図式がありました。ここには、警察を「国家権力」として位置付ける見方があるのですが、そのことは私は間違っていないと思います。しかし教師の中には、その「国家権力」をただ「権力」と呼び替え、さらに警察もただ「権力」と呼んで否定する人たちもたくさんいました。その結果、警察を「権力」と呼ぶ時に、自分たち学校や教師の側が「非権力」のように印象操作され、自分たちが「権力」として現われている側面を見誤るという事態を招いてきていました。

　そのために、「学校と警察」という対比が、「非権力」対「権力」の

ような図式で見られることが起こっていたのです。その結果、学校や教師というものが寄って立っているところは「権力」ではなく「教育」なのだという奇妙な理解の仕方が広がっていました。そしてそういう理解は、「教育」は「力」ではないのだという見解として広がり、あらゆる「力」めいたものは「反教育的」というか、「非教育的」とみなされ、「体罰的なもの」と同じようなものとして見られるようになりました。

　その結果、教師は「力を振るわない者」と生徒たちから見なされ、舐められる先生たちも出てくると同時に、教師が「暴力」を振るう生徒たちへの「歯止め」に少しもならない時代が長い間続いてきました。それが、1970年代、80年代、90年代です。1960年代の、「学校と警察」を水と油のようにイメージし、学校を「非権力の聖域」のようにみなそうとしてきたツケが、70年代、80年代、90年代に来ました。その中で、教師に相談しても「力」にはなってもらえないと断念した生徒たちの「いじめ被害による自殺者」が、その間、続いていたのです。「教師」に「力」の自覚があればもっと防げたはずの事件はたくさんあったと思います。

　ここまでのことを省みると、問題は「学校と警察の連携」に注目される前に、本当は教師の持つ「力」について、もっと教師や学校の中で「議論」があってもよかったのではないかと思います。そしてそういう議論は、文科省が率先して実施してもよかったはずのものなのに、その「力」を「議論」しないままに、さっさと警察のもつ「力」と「連携」する方に比重を移してしまったかのように見えるのです。

第8章　学校と警察との関係はどう考えるのか――「連携」の本当の意味

 取り戻すべき先生の力とは。

「先生の力」を支える力

 それは腕力でも授業力でもありません。「クラスの力を活用する力」こそが、求められる「先生の力」なのです。

● 先生に力を

　こうした時代の流れを反省するなら、ここで本当に考えなければならないのは、「先生の力」を取り戻すことでした。そうすると、「先生の力」とは何かが改めて問われることになります。私が第3章で問題にしてきたのは、そこでした。

　そこで問題にしたのは、「先生の力」を「個人の力」にしてしまえば、「腕力」「授業力」のようなものになってしまいますが、そういうものは「先生の力」の半分に過ぎず、本当は「生徒みんなの力」つまり「クラスの力」を活用出来ることが「先生の力」の残り半分を支えるものであることを解明してきました。

　ところが、文科省の指導は、そういう「クラスの力」を付ける方向には動かず、「スクールカウンセラー」のような人たちを配置し、困った時には「クラス」で受け留めるのではなく、別室で専門のカウンセラーの相談に頼りなさいという指導をずっと続けてきたものですから、「クラスの力」を付けることにはならず、その結果「先生の力」も強まらず、その流れの中で、「警察との連携」が進められるようになっていったという訳です。

## 第9章

# いじめと少年法と警察と

―― 「子どもの権利条約」

いじめと少年法はどう関わるのですか。

14歳未満

 14歳未満で「刑罰」の対象とならない領域で起こる、しかも大人に見えないところで動くいじめに対抗するには、少年法は後手にまわるところがあります。

● 「少年法」とは

『よくわかる少年法』（後藤弘子監修、PHP、2016年）には「少年法」の意義が次のように書かれています。

> 少年法は、罪を犯した子どもを更生させるために、国が行う教育の方法を定めた法律です。いうなれば「特別な教育としての法律」です。
>
> もし、自分勝手な理由で、他人に暴力をふるうことが許されるとしたら、世の中はたちまち、強い者が弱い者を力で支配する社会になってしまうでしょう。
>
> そこで大人たちは、絶対にやってはいけなことを「犯罪」とし、そのルールを破った者に「刑罰」を与える法律をつくりました。
>
> もちろん、罪を犯すのは大人ばかりではありません。子どもだって罪を犯すことがあります。でも、子どもは成長発達の途上にあり、大人に比べて知識も経験も少なく未熟です。そんな子どもを大人と同じように扱う訳にはいきません。
>
> そこで大人たちは、二つの理念から「少年法」を定めたのです。子どもの親が親として果たすべきことを果たさない場合に、国家が

親に代わって子どもに対してなすべきことを行おうという「福祉的な理念」と、成長して変わっていく可能性がある少年には、罰を与えるよりも教育をすることによって更生してもらおうという「教育的な理念」です。

わかりやすい説明です。実際の少年法の中身は次のように規定されています。

第一条　この法律は、少年の健全な育成を期し、非行のある少年に対して性格の矯正及び環境の調整に関する保護処分を行うとともに、少年の刑事事件について特別の措置を講ずることを目的とする。

第二条　この法律で「少年」とは、二十歳に満たない者をいい、「成人」とは、満二十歳以上の者をいう。

　　［略］

第三条　次に掲げる少年は、これを家庭裁判所の審判に付する。

　一　罪を犯した少年
　二　十四歳に満たないで刑罰法令に触れる行為をした少年
　三　次に掲げる事由があって、その性格又は環境に照して、将来、罪を犯し、又は刑罰法令に触れる行為をする虞(おそれ)のある少年
　　イ　保護者の正当な監督に服しない性癖のあること。
　　ロ　正当の理由がなく家庭に寄り附かないこと。
　　ハ　犯罪性のある人若(も)しくは不道徳な人と交際し、又はいかがわしい場所に出入すること。
　　ニ　自己又は他人の徳性を害する行為をする性癖のあること。

　2　家庭裁判所は、前項第二号に掲げる少年及び同項第三号に掲げ

る少年で十四歳に満たない者については、都道府県知事又は児童相談所長から送致を受けたときに限り、これを審判に付することができる。

難しい用語が使われていますが、要は「非行」を犯す少年を14歳になるかならないかで区別して、それぞれの年齢に合った対応で指導するというものです。

● **少年法の二つの領域**
　少年法は、多くの研究者によって研究されてきました。ところが不思議なことに、いじめに触れている少年法の本は、とても少ないのです。というのも、ここにはやっかいな問題があって、本当はもっと議論されなくてはならないのに、実は議論の空白地帯になっているところがあるのです。
　すでに触れているように少年法には二つの領域があります。

　一つ目は、14歳から20歳（2022年4月1日から18歳が成人年齢になる）までの非行少年を対象とする領域。
　二つ目は、14歳未満の「刑罰」を受けない少年を対象とする領域。

　少年法の趣旨は、先に示した「第一条」に「少年の健全な育成を期し、非行のある少年に対して性格の矯正及び環境の調整に関する保護処分を行うとともに、少年の刑事事件について特別の措置を講ずることを目的とする。」と定められている通りです。でもこの条文を見てもわかるように、「非行のある少年」を大人の刑法で裁かないで、「健全な育成」が図れるように「特別な措置（それを「保護処分」と呼びます）」

を講じるという訳ですから、おおむね14歳以上で、非行を犯し、逮捕されるようなことが起こっても、少年のこころはまだ未熟で、指導によってはいくらでも変化しうる、可塑性に富んだものなので、成人の刑法で裁くようなことはしないというものです。このことには、何の異議もありませんし、そういうふうにすべきだと私も思っています。

問題は二つ目の領域の出来事についてです。14歳未満の少年で、「非行」とみなされることを行い、訴えられたりした場合はどうするのかということです。

「刑法」では、何度も言及しているように、この年齢について次のように規定しています。

「第四十一条　十四歳に満たない者の行為は、罰しない。」

それゆえ、少年法でも、彼らを「罰することは出来ない」ので、「児童相談所」に送り、福祉的教育的な対応で、非行の自覚と反省をうながす様々な指導を受けさせることになります。もちろん、起こした非行が重大で、必要があれば、家庭裁判所に送り、判断を仰ぐことにもなります。一見するとわかりやすい話なのですが、それでもわかりにくいことがあります。

● 「少年事件手続き」の基本的な構造

とりあえず少年が非行を起こし、それが通報された時はどういう流れで「措置」されてゆくのか、わかりやすく図にしてみます。というのも、この流れを理解していただくことはとても大事だからです。

この図は「少年事件手続きの基本的な構造」（『少年法』河村博編、東京法令出版、2010年）をわかりやすく示したものですが、はっきりわかることは、14歳を境目にして、「対応」が全く異なるところです。用語は聞き慣れないものがあり、わかりにくいのですが、「触法少年」

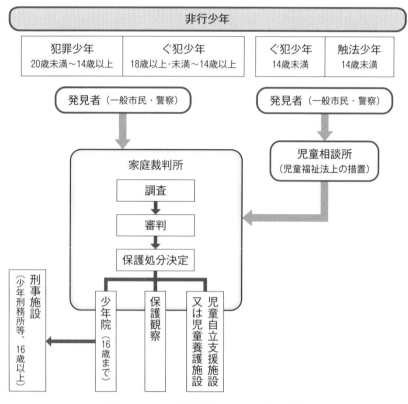

図9−1　少年事件手続きの基本的な構造
14歳を境目として、対応が全く異なる。
『少年法』河村博編　東京法令出版、2010年を改変引用。

とは、14歳に満たないで、刑法に触れるような非行をした少年のことです。「ぐ犯少年」とは、成育の環境や性格から刑法に触れるような非行を繰り返す「おそれ（虞れ）」のある少年を言います（「ぐ犯」は、以前「虞犯」と書かれていました）。この「ぐ犯少年」も、14歳未満と、14歳以降に分けて考えられています。

## ● 中学生による「藤ノ木古墳荒らし」の事件

言葉だけではわかりにくいので、実際の事件を説明します。ここに当時大きく報道された新聞記事があります（図9－2）。

この事件は、思慮の足りない中学の同級生たち三人が、好奇心半分で立ち入り禁止の藤ノ木古墳に入り石棺を壊した事件でした。当時一人は14歳、残り二人が13歳でした。やったことは記事にあるように同じような「非行」をしていたのですが、14歳になった少年は「文化財保護法違反」の疑いで家庭裁判所に、残りの13歳の二人は補導され児童相談所へ送られました。「同じ」ことをしていても、年齢の違いで、処遇は違ってくるのです。

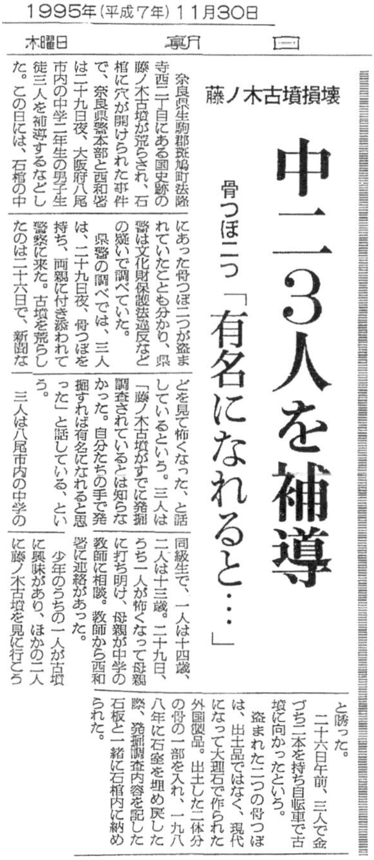
1995年（平成7年）11月30日　木曜日　朝日

藤ノ木古墳損壊

中二3人を補導

骨つぼ二つ「有名になれると…」

奈良県生駒郡斑鳩町法隆寺西二丁目にある国史跡の藤ノ木古墳が荒らされ、石棺に穴が開けられた事件で、奈良県警本部と西和署は二十九日夜、大阪府八尾市内の中学二年生の男子生徒三人を補導するなどした。この日には、石棺の中にあった骨つぼ二つが盗まれていたことも分かり、県警は文化財保護法違反などの疑いで調べていた。

県警の調べでは、三人は、二十九日夜、骨つぼを持ち、両親に付き添われて警察に来た。古墳を荒らしたのは二十六日で、新聞などを見て怖くなった、と話しているという。三人は「藤ノ木古墳がすでに発掘調査されているとは知らなかった。自分たちの手で発掘すれば有名になれると思った」と話している、という。

三人は八尾市内の中学の同級生で、一人は十四歳、二人は十三歳。二十九日、うち一人が怖くなって母親に打ち明け、母親が中学の教師に相談。教師から西和署に連絡があった。

少年のうちの一人が古墳に興味があり、ほかの二人に藤ノ木古墳を見に行こうと誘った。

二十六日午前、三人で金づち二本を持ち自転車で古墳に向かったという。

盗まれた二つの骨つぼは、出土品ではなく、現代になって大理石で作られた外国製品。出土した二体分の骨の一部を入れ、一九八八年に石室を埋め戻した際、発掘調査内容を記した石板と一緒に石棺内に納められた。

図9－2　藤ノ木古墳事件

「中学生３人」が古墳に「いたずら」をした事件だが、三人のうち二人は13歳、一人だけ14歳の男子生徒であった。

「朝日新聞」1995年11月30日朝刊。（新聞記事レイアウト一部改変）

## ● 小学校低学年の事件

では、もっと年齢の低い子どもの起こした「非行」ではどうでしょうか。ここに、別な記事があります。小学校の低学年の児童二人が、面白半

分に消火器をマンションから落としたら、９歳の少女にあたって死亡させたという事件です（図９－３）。相手は死亡しているのですから、被害者の家族にとっては取り返しのつかない悲惨な事件ですが、加害者は14歳未満ということで、「犯罪」とする訳にはゆかず、児童相談所に通告し福祉的な対応をすることになった事件です。

このように、未成年者で刑法に触れる行為をしても、ことさらに「犯罪」と呼ばずに「非行」と呼び、同じ非行でも、年齢によって違った対応がなされることがおわかりかと思います。それゆえに、少年法では未成年者を軽々しく「犯罪者」と呼ぶことはありません。早期の「立ち直り」をうながすには、「犯罪者」呼ばわりすることはマイナスになるからです。もちろん、それでも図を見てもらえばわかるように、同じ非行であっても、人を殺したり、重症のけがを負わせるような悪質な事件を起こすものは「犯罪少年」として区別されています。少年法では、引き起こされる事件の内容、年齢によって、それに見合った処遇を考えるように配

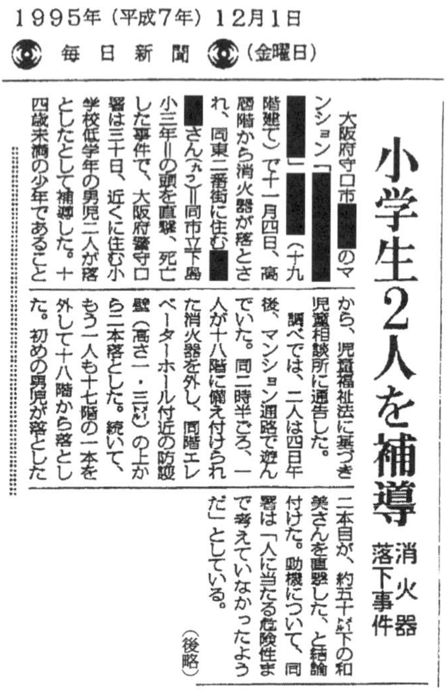
1995年（平成7年）12月1日
毎日新聞（金曜日）

小学生2人を補導
消火器落下事件

大阪府守口市[redacted]のマンション「[redacted]」[redacted]（十九階建て）で十一月四日、高層階から消火器が落とされ、同東二番街に住む[redacted]さん（九）＝同市立下島小三年＝の頭を直撃、死亡した事件で、大阪府警守口署は三十日、近くに住む小学校低学年の男児二人が落としたとして補導した。十四歳未満の少年であることから、児童福祉法に基づき児童相談所に通告した。

調べでは、二人は四日午後、マンション通路で遊んでいた。同二時半ごろ、一人が十八階に備え付けられた消火器を外し、同階エレベーターホール付近の防護壁（高さ一・三㍍）の上から二本落とした。続いて、もう一人も十七階の一本を外して十八階から落とした。初めの男児が落とした二本目が、約五十㍍下の和美さんを直撃した、と結論付けた。動機について、同署は「人に当たる危険性まで考えていなかったようだ」としている。

（後略）

図9－3　小学生の殺人「消火器落下事件」

マンションの18階から消火器を落とし、９歳の少女がそれに当たり死亡した。落としたのは二人の小学生。

「毎日新聞」1995年12月１日朝刊。

慮されてきている訳です。

　それにしても、小学校低学年の「非行」は、その初期の段階できちんと対応出来ないと、後に大きないじめ事件に繋がる恐れのあることはしばしば指摘されてきたことでした。

少年法と警察の関係は。

市民警察

「非行」の発見から警察が動き、少年法も動くのですが、大人の発見出来ない「いじめ」には対抗出来ません。発見者は教室にいるのですから。

● 「児童相談所」への通告

　この少年法に弱点はないのかというと、それはあります。少年法の成り立ちに関わる問題です。そもそも少年法は、大人の犯罪を取り締まり処罰を与える「刑法」を前にして、少年たちを大人と同じように対処するのは良くないという思いから生まれてきたものでした。問題となるのは、その「少年」の範囲をいつからいつまでと考えるのかということでした。

　時代によって、その範囲の設定に違いが出てくるのは当然なのですが、その範囲の違いを問題にしているのではありません。どこかで「法」の対象になる「少年」の始まりを規定しなければならないところを問題にしているのです。

　今のところは、それは14歳となっています。既に示してきているよ

うに、「刑法」では、「十四歳に満たない者の行為は、罰しない」とされてきていたからです。

少年法の年齢区分も、この「刑法」の年齢区分に基づいています。ところが、この刑法第41条の条文の「罰しない」は、文字どおりに読めば、何のおとがめもいたしませんということになりますが、少年法では、そこはそういう意味ではなく、「刑罰」という意味での処罰は与えませんが、「保護」などの「指導」はしますという意味で、「児童相談所」への通告になっているのです。

● 「14歳未満」について

ここのところの理解が、実は少年法を大事にする研究者と小学校の先生の間でうまく共有されてこなかったのです。

本書での議論の出発点は、教室は「教育の場」と「法的な場」の二重の構造を持っているところをまずしっかりと見つめるところから始まるというものでした。ところが、刑法第41条では「十四歳に満たない者の行為は、罰しない」というのですから、14歳未満の児童の集まる学校は「法」の及ばない「無法地帯」だなどと考える人もいました。

全くそんなことはないのですが、でも刑法のこの第41条の書き方は、教室を「教育の場」と「法的な場」の二重の構造として捉えることを、積極的に支えてくれるものにはなっていないのです。

では刑法が支えてくれないのなら、少年法はどうかというと、少年法でも明確には「教室」が「法の場」でもあるということを支えてくれる記述は見られないのです。実際に記述されていることは、14歳未満の「非行」の「発見者（一般市民、警察）」は児童相談所へ通知ということだけなのです。そして先生も一般市民ですから、「非行」を見付けたら「児童相談所」へ通知することとなっています。確かに、マ

第9章　いじめと少年法と警察と——「子どもの権利条約」

ンションから消火器を落とすような「非行」の発見者は、警察へ通報し、警察から児童相談所へ通知されるでしょうが、では教室における「いじめ」は、少年法ではどういうことになるのかということです。

● 少年法の弱点と教室

　先に少年法にも弱点があると言いました。それは、「本文」の問題ではなく、小学校低学年を視野に収められていないところにあると私は思います。視野に入れていないというのは、要するに、14歳未満である小学生の教室でも、「法の場」として機能していることをはっきりと積極的に認めていないというところです。それが出来ていないのでそれに対応する処方箋も打ち出せていないことが弱点だというのです。

　というのも、子どもたち自身は、小学校低学年から、すでに「子ども法」をつくり、先生には見えない所で、どんどん「いじめ（非行）」を進める訳です。でも教室が「法の場」であることが生徒たちにも理解されると、多くのいじめの案件が大人社会でいう「ハラスメント（精神的、身体的苦痛を感じる嫌がらせ）」にあたり、「訴えられる」ことが当然である案件として理解される訳ですが、教室が、教育や遊びの場としてしか理解されないと、「遊び」でやっているということで済まされることになるのです。

● 少年法では「法の人」は育てられない

　その結果、いじめがハラスメントで非行であるにもかかわらず、それをとがめたり訴えたりする生徒が教室から育たないことになります。先生任せ、カウンセラー任せの教室運営だけが続くことになります。

　しかし、そもそも少年法の精神は「少年の健全な育成」にあった訳で、それは、小学生の「法の意識の芽生える頃」から、一人ひとりの

子どもたちが様々な「非行」に「法的な意識」でもって立ち向かえる、「法の人」として育つことではなかったかと思います。でも現行の少年法は、そうはなっていないのです。少年法では「法の人」として認める年齢をあまり下げたくないのです。ギリギリ「14歳」でいい、「14歳」で十分だと思っているところがあるのです。それ以上「法の人」になる年齢を下げると、「刑法の魔の手」が小学校の低学年にまで及んでくるのではないか。そんなことになるのなら、刑法第41条の「十四歳に満たない者の行為は、罰しない」という条項をしっかり守り、うかつにも「法の人」となる時期を9歳、10歳にあるなどというようなことは口が裂けても言ってはいけないということになります。

少年法は、いつも事件の起こった後から、少年を厳罰から守るように立ち回るのですが、そういう事件を犯さないように、もっと早くから「法の人」に育ててゆこうという動きは全く示されていないのです。

● なぜ「警察との連携」？

ところで、教室に「法の場」を見ることの出来ない先生のクラスでは、教室が次第に「無法地帯化」してゆきます。少年法も、そういう教室の状況に何の手立ても打つことが出来ません。その教室で起こっている「無法化」の「発見者」がいない訳ですから、訴えも起こらず、だからどんな関係機関も動くことが出来ません。

そういう事態を、見続けてきた文科省が、それではと出してきた案が既に見てきた「警察との連携」の指導だった訳です。

しかし、14歳未満の生徒の「非行」が「発見」され、その発見者が警察官であっても、非行少年は児童相談所に通告することになり、警察がいつまでも動くということにはなっていません。ここがわかりにくいところですので、よく理解される必要があると思います。

第9章　いじめと少年法と警察と――「子どもの権利条約」

漫画『こちら葛飾区亀有公園前派出所』の大人気はなぜ。

牙をむかない

漫画「こち亀」の両津巡査長は、「近所のおじさん」という感じで、人々の求めるハードルの低い「市民警察」を象徴しているところがあったように思われます。

● ナンセンスな警察官

　『こちら葛飾区亀有公園前派出所（略称「こち亀」）』は秋本治によって書かれ、1976年から2016年まで足かけ40年ほど『少年ジャンプ』に連載された特別長寿の漫画です。大学紛争や学園闘争の最中、「警察は国家権力の手先」というイメージが蔓延していた時代の後に、ナンセンス極まりない「警察官」が主人公の漫画が大ヒットして続いてゆくことになりました。なぜ「警察大嫌い」の雰囲気の残る時代背景の中から、「こち亀」なら面白いと、こういう漫画が読み続けられていったのかということです。漫画の解説はしませんが、人々はぼんやり感じていた「市民警察」のようなものを、あまりにもハチャメチャで傍若無人な人物ながら、決して市民に「牙」をむかないこの「両津巡査長」に託して読んできていたのではないかということです。

図9-4　『こちら葛飾区亀有公園前派出所』単行本第1巻表紙（集英社、1977年）
©秋本治・アトリエびーだま／集英社

219

それは時代の流れの中で、人々が求めてきているハードルの低い「市民警察」への一種の願望も織り込まれていたのではないかと思われます。

 少年警察活動とは。

少年法と少年警察

 市民警察のような活動をしています。一般市民全体ではなく、「少年」の非行の予防に努め、補導もします。子どもたちは「少年警察」の存在を知っておくべきです。

● 「少年警察」

　一般市民相手ではなく、特別に「少年」を相手に、非行の予防や補導につとめる警察活動があります。「少年警察」（昭和24年10月の通達で初めてこの言葉が使われます）と呼ばれる活動の分野です。この活動は少年法の趣旨に添った活動をしていて、ある意味では「市民警察」としてみられる側面を持った活動です。これは戦後に出来た新しい活動で、今日では「少年警察活動規則」（平成14年9月27日公布、平成15年1月1日施行）に従って活動しています。少年法の趣旨に添ったという意味は、この規則の第一条を見てもらえばよくわかります。次のようになっているからです。

　　（趣旨）
　　第一条　この規則は、少年の非行の防止及び保護を通じて少年の健
　　　　　全な育成を図るための警察活動（以下「少年警察活動」という。）に

関し、必要な事項を定めるものとする。

［略］

（少年警察活動の基本）

第三条　少年警察活動を行うに際しては、次の各号に掲げる事項を基本とするものとする。

　一　少年の健全な育成を期する精神をもって当たるとともに、その規範意識の向上及び立直りに資するよう配意すること。

　二　少年の心理、生理その他の特性に関する深い理解をもって当たること。

　三　少年の性行及び環境を深く洞察し、非行の原因の究明や犯罪被害等の状況の把握に努め、その非行の防止及び保護をする上で最も適切な処遇の方法を講ずるようにすること。

　四　秘密の保持に留意して、少年その他の関係者が秘密の漏れることに不安を抱かないように配意すること。

　五　少年の非行の防止及び保護に関する国際的動向に十分配慮すること。

『注解　少年警察活動規則』（立花書房、2008年）を書いた丸山直紀氏によると、こうした「少年警察活動」が整備されてきたのは、年齢の低い少年が引き起こしてきた重大事件の影響があり、従来の少年警察の活動では法的にも不十分な対応しか出来ないところがあったためとし、次のように説明していました。

　　少年警察活動は、平成15年1月以降、少年警察活動規則に基づいて進められたが、平成15年7月に長崎市において発生した中学1年生（12歳）による幼児誘拐殺害事件を経て、同年12月、内閣総理大

臣を本部長とする青少年育成推進本部が策定した「青少年育成施策大綱」は、「青少年の育成に係る政府としての基本理念と中長期的な施策の方向性を明確に示し、保健、福祉、教育、労働、非行対策などの幅広い分野にわたる施策を総合的かつ効果的に推進する」ことを目的として定められたものであったが、その中で、「事実解明を徹底し適切な支援に結びつけるため、触法少年（14歳未満で刑罰法令に触れる行為をした少年）の事案について、警察機関が必要な調査を行うことができる権限を明確化するための法整備について検討する」ことが示されることなった。

『注解　少年警察活動規則』立花書房、2008年

この間、上記の幼児誘拐殺害事件（長崎市）のほか、
＊佐世保市における小学6年生（11歳）による同級生殺害事件（平成16年）
＊新宿区における中学2年生（13歳）による突き落とし殺人未遂事件（平成16年）
＊吉川市における中学1年生（13歳）による現住建造物等放火事件（平成18年）

など、社会的反響の大きい凶悪重大事件が発生していた。

そして、警察による触法少年に係る事件の調査（以下「触法調査」という。）については、従前から、警察法第2条に定める警察責務を遂行するために必要な任意の活動として行われてきたが、調査権限に関する少年法上の具体的な根拠が明らかではなかったため、関係者の理解と協力を得るのが困難な場合があった。

『同』

これを見ると、警察はこれまであまり関わりを持てなかった14歳未満の少年の「非行」に対しても、少年法の精神に沿った形で対応しなくてはならない時期に来ていたことがわかります。一口に「少年警察」といっても、時代の変化に対応するように変化してきているところには注目すべきだと思います。

　文献では、少年警察の弱点を検討していた『少年警察活動と子どもの人権』（日本弁護士連合会少年法「改正」対策本部、日本評論社、1991年）から『3訂版　わかりやすい少年警察活動』（少年非行問題研究会編、東京法令出版、2018年）までを比較して読まれると、少年警察の移り変わりがよく読み取れます。特に後者は「いじめ」の項目が立てられていて、次のように書かれています。

　いじめ問題への的確な対応
　1　学校におけるいじめ問題への対応
　　　昨今、いじめを受けていた少年が自殺するという重大な事案が発生するなど、学校におけるいじめ問題をめぐり少年の保護と非行防止の両面から憂慮すべき事態が生じている。学校におけるいじめ問題については、一義的には教育現場における指導により重大な結果に至る前に解決されるべきものであるが、警察としても、いじめ事案への必要な対応を的確に行うため、早期把握に努めていく必要がある。
　2　学校の対応を尊重するも、必要な対応はとるべき
　　　学校におけるいじめ問題については、教育上の配慮等の観点から、一義的には教育現場における対応を尊重しつつも、犯罪行為（触法行為を含む。以下同じ。）がある場合には、被害少年や保護者

等の意向や学校における対応状況等を踏まえながら、警察として必要な対応をとっていかなければならない。特に、被害少年の生命・身体の安全が脅かされているような重大事案がある場合は、捜査、補導等の措置を積極的に講じていく必要がある。

3　早期把握が重要

　いじめ事案の早期発見を図るため、特に児童生徒に関する少年相談、取調べ、街頭補導や地域警察官の街頭活動などあらゆる警察活動を行うに当たって、いじめが潜在している可能性を念頭に置いておく必要がある。また、学校との連絡窓口の設定や、学校警察連絡協議会の活用など、学校との連携強化を図るとともに、警察と学校の懸け橋として重要な役割を果たしているスクールサポーターの活用も重要である。

少年非行問題研究会編『3訂版　わかりやすい少年警察活動』東京法令出版、2018年。


　学校関係者の中には、警察が「少年警察」として、小学校のいじめの「早期発見」に関わろうとする動向を見て苦々しく思う人もいるかもしれませんが、ここに書かれていることは真っ当なことばかりです。問題なのは警察や少年警察のそういう動きの方ではなく、むしろ学校や先生方が、教室を「法の場」として見つめる「危機感」を警察のように持ち得ていないところです。苦々しく思うのは、「危機感のない学校や先生」に対してです。

　そういうふうに少年警察も動いていることを踏まえるならば、先生たちはもっとしっかりと積極的に、教室を「法の場」として意識し、それに見合った教室運営を9歳や10歳から立ち上げてゆき、そういう先生の動きを外部で支えるものとして「少年警察」のあることも、子

第9章　いじめと少年法と警察と──「子どもの権利条約」

どもたちと一緒に学んでいけば、それは大いに「先生の力」になってゆくと私は思います。

「子どもの権利条約」の弱点とは。

**少年法の弱点**

「法的な人格」の始まる年齢が明示されていません。子どもの「意見表明」を認めることを求めていますが、いつからそれが可能か曖昧です。

● 「10歳」問題の曖昧さ

「子どもの権利条約」が1989年11月20日、第44回国際連合総会において満場一致で採択されるまでには、各国の法律とのすりあわせが難航したことは、どの研究書にも触れられています。とくに「子ども（Child）」の年齢規定は各国においてバラバラなので、統一した規定を設けるのに、議論が重ねられたと言います。結局、次のように決まりました。

第1条（子どもの定義）
　この条約の適用上、子どもとは、18歳未満のすべての者をいう。ただし、子どもに適用される法律の下でより早く成年に達する場合は、この限りでない。

今となっては「18歳」までを「子ども（Child）」と呼ぶことに違和

感がない訳ではありません。むしろ「青少年の権利条約」とする方が良かったのではないかとか、様々なことは考えられるのですが、そこでは、20歳、18歳、15歳というような、どこまでを「大人でない年齢」とするのかについて議論が続けられました。そして各国が妥協したのは「18歳」でした。もちろんそれは妥当な年齢でした。

こうして「子ども（Child）」とは、子どもの誕生から18歳までということになり、その間で必要な「権利」の様々なことがこの条約に折り込まれた訳ですが、その中で、一つの条項をめぐって、年齢区分の問題以上に議論され、紛糾した条項がありました。それはよく知られている第12条でした。そこには次のように書かれていました。

第12条（意見表明権）
1　締約国は、自己の見解をまとめる力のある子どもに対して、その子どもに影響を与えるすべての事柄について自由に自己の見解を表明する権利を保障する。その際、子どもの見解が、その年齢および成熟に従い、正当に重視される。
2　この目的のため、子どもは、とくに、国内法の手続規則と一致する方法で、自己に影響を与えるいかなる司法的および行政的手続においても、直接にまたは代理人もしくは適当な団体を通じて聴聞される機会を与えられる。
（国際教育法研究会訳）

ここで「第12条（意見表明権）」となっている「意見表明権」というのは、この条約の特徴をわかりやすく説明するために付け加えたもので、原文にはありません。ちなみに政府（外務省）訳では次のようになっています。

第12条
1　締約国は、自己の意見を形成する能力のある児童がその児童に影響を及ぼすすべての事項について自由に自己の意見を表明する権利を確保する。この場合において、児童の意見は、その児童の年齢及び成熟度に従って相応に考慮されるものとする。
2　このため、児童は、特に、自己に影響を及ぼすあらゆる司法上及び行政上の手続において、国内法の手続規則に合致する方法により直接に又は代理人若しくは適当な団体を通じて聴取される機会を与えられる。

● 「意見」を言える年齢

　ここで注目すべき言葉は「意見」です。原文では「views」となっていて「opinions」ではありません。「opinions」とははっきりした意見や見解のことを言うのですが、「views」はもっと幅の広い「思い」や「考え」のことを指しています。「言い分」と言ってもいいものです。
　問題は、この第12条で「自己の見解をまとめる力のある子ども」が想定され、そういう子どもが出てきたら、「自由に自己の見解を表明する権利を確保する」とされ、さらにその際、「子どもの意見が、その年齢及び成熟に従って相応に考慮される」と規定されているところです。
　ところが、そういう「自己の見解をまとめる力」を持てる年齢を、この条約では示しておりません。それで勝手に「中学生」くらいだろうとか、いや「高校生」だろうといった議論がなされてきたこともありました。確かに「opinions」という事であれば、そういう高学年が想定されるでしょうが、「views」という「言い分」を持つ年齢を考えるならば、9歳、10歳頃がその年代に当たります。

| 年齢 | 6 | 7 | 8 | 9 | 10 | 11 | 12 |
|---|---|---|---|---|---|---|---|
| 学年 | | 1 | 2 | 3 | 4 | 5 | 6 |
| | | | | 小学校 | | | |
| 特別クラス会（広場） | 家の人 | | | ½成人式 | 法の人の始まり「広場」つくり（地下で「掟」「子ども法」が動きだす） | | |
| 少年法（処遇） | | | | | | | 刑事罰は受けないが11歳は「おおむね12歳」に含まれ、少年院送致される可能性あり |
| 少年法（管轄機関） | | | 児童相談所 | | | | 児童相談所、家庭裁判所 |
| 成人年齢区分 少年法（第2条） | | | | 少年（現行2019） | | | |
| 成人年齢区分 民法（第3条） | | | | 未成年 | | | |
| 成人年齢区分 児童福祉法（第4条） | | | 少年 | | | | |
| | | | 児童 | | | | |
| 成人年齢区分 学校教育法 | | 学齢児童（小学生） | | | | | |

図9−5 「法の人」の始まる位置の図
自分の意見即ち「言い分」をまとめる力を持ち始める年齢は9歳、10歳頃。

となると、この9歳、10歳がとても重要な時期として各国が認め合わなければならないことになります。ところが条約ではそこはとても曖昧になっていて漠然と「自己の見解をまとめる力」としているだけなので、年齢のイメージはどこからも湧いて来ずに、読み手が勝手に、中学生だ、高校生だと考えて読んでしまうことになっているのです。

● 少年法と同じ弱点

少年法の弱点は「14歳未満」とされる分野の中で、法の意識を持ち

| 13 | 14 | 15 | 16 | 17 | 18 | 19 | 20 | 21 |
|---|---|---|---|---|---|---|---|---|
| 1 | 2 | 3 | 1 | 2 | 3 | | | |
| 中学校 ||| 高校 ||| 大学 |||
| | 法の人へ |||||||| 
| | | | | | 2022年4月から成人予定 ||||
| | 刑事責任問われる |||| 2022年4月から成人予定 || 成人（現行） ||
| | 警察、家庭裁判所、少年院 |||| | | 警察、裁判所、刑務所 ||
| | | | 女16歳 　（婚姻適齢期）　 男18歳 |||||
| 学齢生徒（中学生） ||||||||| 

　始める時期をしっかりと見極めて、その年齢を積極的に支援し、そこから「法の人」を育ててゆく後押しの構想が立てられてこなかったところにありました。だからどうしても「非行」が起こった後の保護的な対策への配慮ばかりに重点が置かれているような「少年法」になっていました。

　「子どもの権利条約」にも、似たような弱点が見られるのです。少年法と違って「非行」に焦点を当てる訳ではないので、子どもたちの幅広い年齢に必要な権利を取り上げてくれているのですが、結局そう

いう子どもにも必要な諸権利を意識出来始める年代を明記することが出来ないでいたのです。そのために、どの時期からこういう法的な意識を支え支援していってあげるといいのか、曖昧なままに来ているところがあるのです。

　私に希望を述べさせてもらえるなら、第12条は本当はこう書かれるべきものでした。

　第12条（意見表明権／筆者試案）
　1　締約国は、9歳、10歳頃から、自分たちの言い分をまとめる力を持ち始める子どもに対して、その子どもに影響を与えるすべての事柄について、お互いの言い分を尊重し、議論し合う権利を保障する。その際、子どもの言い分が、その年齢及び成熟に従い、正当に重視される。

● 「法」の中の10歳の位置を見直す

　以上、少年法、少年警察、「子どもの権利条約」などの法的な議論を踏まえて、改めて、学校における9歳、10歳の位置を図9－5に示しておきました。

　この図はとても大事なものです。少年法が14歳以上を主に対象にしたり、子どもの権利条約が、「自己の見解をまとめる力」を曖昧にしていることの弊害を認識した上で、子どもたちが自分たちを「法的な人」として自覚し始める時期を、9歳、10歳とはっきり位置付けているからです。

● 『十五少年漂流記』の「法の人」

　フランスの作家、ジュール・ヴェルヌが『十五少年漂流記』を書い

たのは、1886年、60歳の時でした。この本は、今日では『二年間の休暇』『二年間のヴァカンス』という原題に沿った題で訳されているのですが、ここではあえて古い『十五少年漂流記』という題で話を進めます。というのも、小学校に置かれているダイジェスト版のほとんどが『十五少年漂流記』の書名となっているからです。

物語は、1860年3月9日、イギリス植民地ニュージーランドのオークランドにある寄宿学校の生徒たちの乗った船が、嵐の中を漂流するところから始まっています。乗っているのは少年ばかり15名、それも国籍がばらばらです。この生徒たちは夏休みを利用して、船でニュージーランド周遊旅行をすることになっていたのですが、ある少年のちょっとしたいたずらが原因で、船を繋ぐ綱がほどけ、太平洋を東へ漂流することになったのです。そして、3月10日、船はある無人島に漂着することになりました。物語は、この大人のいない孤島で、何とかして生き延びてゆこうとする少年たちの冒険物語になっています。

私がこの物語に注目するのは、「南海の孤島で、ロビンソン・クルーソーのように自活して生き延びた少年たちの冒険譚」というところではありません。ロビンソン・クルーソーはたった1人でしたが、『十五少年漂流記』は、年齢も国籍も違う15人の少年の話でした。大人のいないこの島で、彼らはどうやって「仲間」として暮らせたのか、そこがこの作品の読みどころになっていたからです。

ここで最も注目したいのは、この15人の少年の国籍と年齢です。それをまず紹介します。


14歳（1人）アメリカ人（ゴードン）
13歳（4人）イギリス人3人、フランス人1人（ドニファン、クロス、
　　　　　　バスター／ブリアン）

12歳（5人）イギリス人4人、黒人1人（ウェッブ、ウィルコックス、ガーネット、サーヴィス／モコ）
10歳（1人）フランス人（ジャック）
9歳（2人）イギリス人（ジェンキンズ、アイヴァースン）
8歳（2人）イギリス人（ドール、コスター）

　この構成を見ると、この物語が、単に少年たちが遭難し、無人島の自然と闘って暮らした物語ではないことがわかると思います。というのも、ここに集まった15人は、アメリカ人、イギリス人、フランス人、黒人というまさに多国籍集団だったからです。こういう物語を読む人にとっては、年齢や国籍の違いは、ただ物語を面白くするための設定に過ぎず、あえて「問題」にすることもないように思われるかも知れません。確かに、作者ヴェルヌは、フランス人ですから、フランス語で作品を書いている訳ですが、作品の中では、フランス人2人、イギリス人11人なので、みんなは英語を喋っています。「といってもゴードンの英語はフランスなまりだったが」というように。そういうご都合主義的なところはいっぱいあるのですが（たとえば難破船から、武器や生活用具一式を運び出せたようなことなど）、そこは大目に見ないといけないでしょう。大事なことは、島についてから、意見や言い分の違いはあるものの、年長の子どもの指示に従いながら、協力して自活の暮らしをし始めるところです。
　そして島に着いて3か月が経った6月10日、ブリアンが「島を治めるリーダーを選ぼうと提案します」。すると大きい子も小さい子も「そうだ！　リーダーだ、リーダーを決めよう」と「いっせいに声を上げた」と書かれています（『二年間の休暇』私市保彦訳、岩波少年文庫、2012年）とても大事な場面です。

第9章　いじめと少年法と警察と――「子どもの権利条約」

　小さい子も「リーダー（原文では「chef」となっています）」を選ぶ必要性を感じていたという場面です。この8歳、9歳、10歳の少年たちの支援も受けて、リーダー選びが始まります。リーダーは最年長でアメリカ人のゴードンが選ばれます。彼は年下の少年たちからも信頼を得ていたので当然の結果なのですが、物語は、この後、ドキドキ、ハラハラする事件が次々に少年たちを襲います。さらにプライドの高いイギリスの子どもたちは、その後、自分たちだけでグループをつくり、別の洞窟に住むようになる動きも描かれます。しかし、そういう試練を経ながらも、また関係の修復を模索し実現させてゆきます。

図9-6　『十五少年漂流記』文庫本表紙

　訳者は心理学者・波多野完治。明治29年に日本訳が森田思軒によって出版され、人気を博したが、英訳からの「重訳」であったため、波多野は英語本と仏語原本とを照らし合わせ、昭和26年、この名訳に至った。以来改版を経て、現在に至る。

　物語の醍醐味は読んでいただくことでしか味わえないのですが、私はこの物語の大事なところは、先に示した「『法の人』の始まる位置の図」と重ねて見ていただくところだと思っています。少年たちを引っ張るのは13歳、14歳の年長の少年たちですが、その年長者の指示することの意味をわかって動くのが、8歳、9歳、10歳の少年たちでした。つまり、彼らに「法の意識」が芽生えてきて、指示に従っているところもよく描かれているのです。作品のそういうところを味わうのも大事なことです。

私がここで『十五少年漂流記』を取り上げたのは、今まで議論してきた中では「14歳以下」の「力」が十分に描かれる作品が少ない中で、この作品が私たちに9歳、10歳の位置をよく見えるようにしてくれていると感じてきたからです。

> **コラム**　与謝野晶子の「いじめ」の話
>
> ●いじめられっ子・晶子、「鳳さんほおずき」
> 　与謝野晶子が、37歳の時（1915）、少女雑誌「新少女」に連載し始めたのが「私の生い立ち」です。最初の一篇は、8歳頃の学校通いのことで、「私はこの時分ほど同級生にいじめられたことはありません」と彼女は書いています。
> 　「鳳さんほおずき」「鳳さんほうらく」とはやし立てる男の子の前を通って教室まで行かなくてはならない惨めさ。着ている「嫌な色の袢纏（はんてん）」のせいだったが、そのことは親には言えなかったと書いていました。「鳳」は彼女の本名です。
> 　では、その子に会わずに学校に行けなかったのかということですが、こう書いていました。
> 　「朝早くその子が登校していない間に私が行って、教場の薄暗い隅の方などに隠れていれば比較的無事なのですが、私の家は朝の忙しい商売で、学校へ子供達を出すのも大方は時間かつかつなのでしたから、どうしても私は水谷のひどい罵りを受けた後でなければ先生のお顔を見られませんでした。」
> 　その子がよほど、憎らしく心に残っていたのか、37歳に

なってもこう書かずにはいられませんでした。
　「私に始終意地悪ばかりをした水谷と云う男の子の顔は今でも思い出す時があって気持ちが悪くなります。」

●いじめっ子・晶子と「お歌ちゃん」
　第二篇に「お歌ちゃん」という三つほど年上の、よく遊んでもらった聡明で遠慮がちな女の子のことが書かれています。近所の女の子たちは、なぜかこぞってこのお歌ちゃんをいじめていたのですが、いつの間にか自分もいじめる方に交じっていたというのです。年上のお春さんが、家に来てお歌ちゃんの悪口を言うように晶子を走らせるのです。でもそれもおもしろかったので、悪いと思いながらもそういうことをしているのを母親に見つかり叱られます。
　「お歌ちゃんのようないい子に、意地わるをするような子は、子やない」
　それで晶子はお歌ちゃんに謝りに行くのですが「そんなこと云いなはらんでもええ」と肩を撫でてもらいます。でもある日、そのお歌ちゃんが亡くなったことを姉から知らされます。
　病死なのか、今で言ういじめ死だったのか……かなしい「生い立ち」の記を読んだと私は思いました。ともに、明治20年頃の話ですから、こんな時代にも、今と変わらないいじめがあったのです。

# 第10章

# 「いじめ論」

―― 本を読む、深くふかく読む

中井久夫「いじめの政治学」が重要なのはどういう点ですか。
「子ども警察」「子ども裁判所」

 いじめが行われるところを無法地帯とし、そこは「出口なし」の強制収容所で、その壁は透明でも鉄条網より強固であるという認識から始められていたからです。

● 「法の適用の猶予」「無法地帯」

「いじめの政治学」(『共生の方へ』弘文堂、1997年、後に『アリアドネからの糸』みすず書房、1997年所収) という論文の画期的なところは、いじめが行われる領域が、「法の適用の猶予」「無法地帯」だからではないかという疑問を出されたところです。いや、そんなことは多くのいじめ論に書かれている、と言われるかも知れませんが、そんなことはないのです。まず中井氏の指摘されたところを紹介します。

　なるほど、子どもの世界には法の適用が猶予されている。しかし、それを裏返せば無法地帯だということである。子どもを守ってくれる「子ども警察」も、訴え出ることのできる「子ども裁判所」もない。子どもの世界は成人の世界に比べてはるかにむきだしの、そうして出口なしの暴力社会だという一面を持っている。
　(中略)
　その中に陥った者の「出口なし」感はほとんど強制収容所なみである。それも、出所できる思想改造収容所では決してなく、絶滅収容所であると感じられてくる。その壁は透明であるが、しかし、眼に見える鉄条網よりも強固である。

第10章　「いじめ論」──本を読む、深くふかく読む

　いくつもの比喩で語られるこの「無法地帯」ですが、そこが壁のない、しかし出口もない「収容所」としても語られています。中井氏は、そういう比喩に何を籠めようとしていたのかということです。
　ここで最も大事な指摘は、その、壁はないが出口もない領域に「子どもを守ってくれる子ども警察」も、訴え出ることの出来る「子ども裁判所もない」と指摘されているところです。このことは逆に言えば、その領域に「子ども警察」や「子ども裁判所」があれば、その世界の「無法性」「法の適用の猶予」はなくなり、理不尽な暴力世界にならずにすんでいるはずなのだという思いが込められています。ということは既に、ここに中井氏のいじめ対策の、大事な「答」あるいは「方向性」「指針」のようなものが出されているということです。
　ところがこの論文の最後に中井氏が出されている「対策」は、この「方向性」とはずいぶんかけ離れたものになっています。そのことは最後に指摘することになるのですが、ともあれここでは、中井氏の、とても大事な指摘を受け止めてゆく形で、彼の主張をたどってゆきたいと思います。

図10−1　中井久夫『アリアドネからの糸』表紙。みすず書房、1997年。

　中井久夫第三エッセイ集。第1章に「いじめの政治学」が収められる。「アリアドネ」とは、ギリシア神話の女神で、聖女の意。「糸」は、恋人を助けるために、アリアドネが用いた糸玉の糸。

239

中井氏の有名な「いじめの三段階説」について説明して下さい。

**心理的メカニズム**

 孤立化、無力化、透明化です。孤立化、無力化の段階は、理解が可能ですが、透明化は「見えているのに見えない」状態で、その理解は難しいとされています。

● 第一は「孤立化」の段階

中井氏はいじめには三段階の進行の仕方があると指摘し、第一段階を「孤立化の段階」と命名し、次のように説明しています。

> 私は仮にいじめの過程を「孤立化」「無力化」「透明化」の三段階に分けてみた。
> 
> （中略）
> 
> これは実は政治的隷従、すなわち奴隷化の過程なのである。
> 
> まず、「孤立化」である。
> 
> 孤立していない人間は、時たまいじめに会うかもしれないが、持続的にいじめの標的にはならない。また、立ち直る機会がある。立ち直る機会を与えず、持続的にいくらでもいじめの対象にするためには、孤立させる必要があり、いじめの主眼は最初「孤立化作戦」に置かれる。

ここに書かれていることは、いじめをした人にも、された人にも、思い当たる節があります。ただこれだけでは、なぜいじめの最初の段階が「孤立化」なのか、理由がわかりにくいところがあります。

第10章 「いじめ論」——本を読む、深くふかく読む

とくに「孤立化作戦」というような「作戦」という言い方をされると、なぜ「作戦」なのか、尋ねたい気がします。

● 「作戦」という言葉が表わすもの

ここで中井氏の言う第一段階が「孤立化」になる筋道を、私の定義（第1章19頁参照）と比べながらたどってみたいと思います。

私の定義では、この第一段階は、誰かが「違反者」や「違法者」として、注目された段階となります。

中井氏はこの後で学童疎開のことを語っているのですが、田舎の町に都会の子どもがやってくること自体で「違反」の印を付けられたことになります。中井氏と同年代の柏原兵三氏の書いた小説『長い道』も、学童疎開の子どもが激しいいじめを受ける作者の実体験に基づく物語でした（『いじめの解決 教室に広場を』参照）。

この時に、一人の田舎の子が、一人の都会の子を「違反者」扱いするというのなら、それはちょっとしたきっかけで、仲良しになる可能性があるのですが、田舎の子がグループを組んで、何かにつけて都会の子を「違反者」扱いするとしたら、それは都会の子を「作戦」として、つまり共同して「孤立化」させることに

図10-2 柏原兵三『長い道』表紙。中公文庫、1989年。
初版は1969年、講談社刊。表紙の帯の少年は映画化された時の主人公を演じた藤田哲也。

なってゆきます。中井氏がここで「孤立化」が「孤立化作戦」として始まるというのは、「違反者」が集団で認定されることを指していたのです。

● PR作戦

中井氏は、そういう集団での「違反者認定」を「PR作戦」と称し次のように説明していました。

　ついで、いじめられる者がいかにいじめられるに値するかというPR作戦が始まる。些細な身体的特徴や癖からはじまって、いわれのない穢れや美醜や何ということはない行動や一寸(ちょっと)した癖が問題になる。これは周囲の差別意識に訴える力がある。
　（中略）
　このPR作戦は年長者にも向けられる。うかうかしていると教師といえども巻き込まれる。いや、うかうかしていなくてもである。

ここで「違反者」扱いされた者は、自分が何をしたのか、本当に心配になります。都会から来ただけで「違反者」にされるなんて、理不尽も甚だしいからです。でも、「文句」を言うと、それがまたさらに「違反」の種にされてしまいます。中井氏はそのことを次のように書いていました。

　PR作戦は被害者にも自分はいじめられても仕方がないという気持ちを次第にしみ通らせる。被害者は被害者なりに、どうして他の者でなくこの自分がいじめられるのかという、理不尽な事態に自分なりの説明を与えようと必死になっている。

第10章 「いじめ論」——本を読む、深くふかく読む

　ここで改めて「PR作戦」とは何か、どういうものなのかが問われることになってきます。端的に言えば、「違反者」を共同で確認する作業、ということになります。「葬式ごっこ」の時であれば、みんなで「さようなら」の色紙を書くというような行為です。しかし、こういう共同で「違反者」の確認をするような、そういう「PR作戦」のようなことをする時には、中井氏の言う第一段階の「孤立化」からかなり進んだ段階になっていると言わなくてはなりません。そこが中井氏と見解の分かれるところです。

　このことは「いじめの対応」を考える時の、その「初期」をどう考えるのかについて、とても大事な考察になってきます。「孤立化」は「初期」ですが、「PR作戦としての孤立化」は、第一段階（つまり初期）を逸脱していると私は思います。

 いじめの第二段階「無力化」とは。

劣った人間

 被害者を孤立化させた時、無力化も進んでいます。そしてそれは被害者自身を「自分は劣った人間だ」と思わせるような過程とされています。

● 周到な仕掛け

　中井氏は、「孤立化」させた相手が、おとなしく自分の「非」を認めれば、自分たちの言う通りのことをさせられるようになるのに、相手が、自分は何も「違反」はしていない、自分に何も「非」はないな

243

どと言い出すと、「孤立化」の意味もなくなると感じ出す時が来ると考えます。そこから第二段階が始まるとして、中井氏は次のように指摘します。

> しかし、孤立化の過程においては、相手はまだ精神的には屈伏していない。ひそかに反撃の機会を狙っているかもしれない。加害者はまだ枕を高くしておれない。次に加害者が行うことは相手を無力化することである。
> 孤立化作戦はすでに無力化を含んでいる。孤立するということは大幅に力を失うことである。しかし、「無力化作戦」はそれだけでは終わらない。この作戦は、要するに、被害者に「反撃は一切無効である」ことを教え、被害者を観念させることにある。そのためには、反撃は必ず懲罰的な過剰暴力を以て罰せられること、その際に誰も味方にならないことを繰り返し味わわせる必要がある。

こういう「無力化」の過程のイメージはよく伝わってくるのではないでしょうか。「集団の力」で「優位」に立つ者の恐しいほどの威圧感。彼らの虎の威を借りる危険な気配、雰囲気を感じるだけで「被害者」は萎縮してしまいます。

たとえば、電車の中で、強面(こわもて)の男が、足を広げて座っていて、足を閉じればもっと他の人が座れるのにと思いながらも、誰も声を掛けることが出来ない。声をかけると何をされるかわからない。社会の中にはこういう「威圧感」を利用して、相手に「無力感」を与える輩はたくさんいます。それが「一人」ではなく「グループ」を組んで迫ってきたら、なすすべもありません。さらに中井氏は、続けて次のように指摘しています。

被害者が大人に訴え出ることには特に懲罰が与えられなければならない。それは加害者の身の安全のためではない。加害者は、もはや孤立化作戦をとおして、大人が自分に手出しできないことがわかっている。そうではなくて、「大人に話すことは卑怯である」「醜いことである」という道徳教育を被害者に施すのである。

（中略）

したがって、もっともひどい暴力が振るわれるのはこの段階であるかもしれない。

いじめの第三段階「透明化」とは。

**選択的非注意**

この透明化が最も恐しいのです。たとえば「繁華街のホームレス」が見えなくなるメカニズムと同じで、見えていても見えない状態が起こるのです。

● **心理的メカニズム**

こうしていよいよ中井氏の言う「いじめの三段階」の「透明化」が次のように説明されます。

　この辺りから、いじめは次第に「透明化」して周囲の眼に見えなくなってゆく。
　一部は、傍観者の共謀によるものである。

（中略）

しかし、第三者に見えないのは、第三者が「見ない」だけではない。実際、この時期に行われる「透明化作戦」によってざっと見たぐらいでは見えなくなっているのである。
　この段階になると、被害者は孤立無援であり、反撃あるいは脱出のために無力である自分がほとほと嫌になっている。被害者は、次第に自分の誇りを自分で掘り崩してゆく。

　この「透明化」の状況も、「被害者」の立場に立って読めば、よくわかる記述になっています。
　たとえば、「古都風景の中の電信柱が『見えない』ように、繁華街のホームレスが『見えない』ように、そして善良なドイツ人に強制収容所が『見えなかった』ように『選択的非注意』という人間の心理的メカニズムによって、いじめが行われていても、それが自然の一部、風景の一部としか見えなくなる」と中井氏は指摘しています。
　つまり「選択的非注意」というような「心理的メカニズム」で起こっているかのように。だから「第三者に見えないのは、第三者が『見ない』だけではない。実際、この時期に行われる『透明化作戦』によってざっと見たぐらいでは見えなくなっているのである」と。でも本当にそういうことが、ここで起こっているのだろうかと思います。

● 「見えない」という状況
　というのも、ここで「見えない」というのは、あの「赤信号」の背後で「止まれ」を指示している者がいるはずなのに、それが「見えない」という状況を別の言い方で言っているかのように思えるからです。
　その状況を「透明化」と中井氏は名付けているのですが、でもそれは「心理学的な現象」ではなく、「法的な現象」として現われている

ものではないか、と私には思われるのです。なので、あまり「心理学の用語」でこの状況を説明されると、読者の目から「法的な現象」が「見えなくなる」のではないかと懸念されるのです。言い換えると、もう一つの別な「透明化」がこの文章によってなされてしまうことになるのではないかと。

　私がこのことを危惧するのは、「大津市いじめ自殺事件」の報告書が、まさにこの部分の記述を引用していたからです。そして大津市の報告書は、本当にあの事件で「透明化」なるものの現象が起こっていたと思っているように見えていたからです。私は大津市の有識者が、この「透明化」なる言葉をほとんど吟味しないで、文字通りに使っているのではないかと感じました。まるでこの言葉だけが一人歩きしている感じでした。このことに関連するように、中井氏も先ほどの引用の中で次のように書いていました。

　　たとえ家族が海外旅行に連れだしても、加害者は"その場にいる"。空間は加害者の臨在感に満ちている。いつも加害者の眼を逃れられず加害者の眼は次第に遍在するようになる。独裁国の人民が独裁者の眼をいたるところに、そしていつも、感じるのと同じ心理的メカニズムである。

　いたるところに「赤信号」があって、そこで「止まれ」と感じるのは、確かに「心理的メカニズム」から来ているのですが、私はそこを指摘されるのなら、同時にそういう状況は「国」が張り巡らす「法的なメカニズム」からも来ているところがあることも強調されなくてはいけないのでは、と思います。

　このあと中井氏は次のように説明されています。

時間的にも、加害者との関係は永久に続くように思える。たとえ、後二年で卒業すると頭でわかっていても、その二年後は「永遠のまだその向こう」である。

　(中略)

　いじめに遭っている時間は、苦痛な時間が常にそうであるように、いっそう長く、いつまでも終わらないほど長く感じられる。これが時間感覚の耐えがたさをいやがうえにも強調する。

　被害者は、次第に、その日さほどいじめられなければいいやと思うようになってゆく。そうなれば、加害者に会ってもいじめられなかった日はまるで恩寵のように感じられる。

 なぜ「教室」でこのような「いじめ」が起こるのですか。

**看守と囚人の関係**

 加害者は教室で法的な力を手に入れています。どうやって手に入れたかというと、「自分たちの正しさ」を武器にしてです。そこから「いじめの罠のような構造」が始まるのです。

● 囚人の立場、看守の立場

　以上のようなことが、どうして「教室」で起こるのかということが次に気になります。ここで記述されているのは、どう見てもナチスの捕虜収容所のような状況です。その中の看守と囚人との関係のような状況です。中井氏もしばしば「収容所」「ユダヤ人」という言葉を使っていました。それが「教室」でも再現されるとなると、いったい「ナ

第10章 「いじめ論」――本を読む、深くふかく読む

チスの捕虜収容所」とは何だったのかという問にも答えられる用意がされなくてはならないことになります。

もし「教室」に看守と囚人に近いような関係が成り立つとしたら、一体どのようにして、「教室」のなかで「看守」のような権限を持つ者が生まれてくるのか気になります。

ところが中井氏の記述には「囚人」の置かれた立場ばかりがよく見えるように記述され、「看守」のあり方をどういうふうに見ればいいのかは、あまり説明されていないのです。でもそのことを「説明」しようとすると、「看守」たちが「法に沿って動いていただけ」ということを明らかにしないといけなくなります。

それはかつてユダヤ人の哲学者、ハンナ・アーレントが、ナチス親衛隊の将校、アイヒマン(アドルフ・オットー・アイヒマン)の裁判を傍聴した時に、「私は当時の法に従って行動しただけだ」と発言したことを重い発言として捉えていたことを思い出します(ハンナ・アーレント『イェルサレムのアイヒマン――悪の陳腐さについての報告』みすず書房、1969年)。アイヒマンは「囚人」にひどいことをしていると思っていなかったのです。アイヒマンからすると、「ユダヤ人」はドイツ国家が認めた「違反者」なので、「法的」に「ユダヤ人」は、そ

図10-3 ハンナ・アーレント『イェルサレムのアイヒマン――悪の陳腐さについての報告』表紙(旧版)。みすず書房、1969年。
　新版は『エルサレムのアイヒマン――悪の陳腐さについての報告』として2017年刊。旧版の表紙写真はアイヒマンの獄中での姿。

249

うされてもいいと認識していたのです。彼は「悪いことをしている」という罪の意識よりむしろ「正しいことをしている」と思っていたのです。

「教室」での醜悪化する「いじめ」を実行する側には、ナチスの看守のように、「悪いことをしている」という意識がないまま非情なことをやっているという状況があるのです。それは実行する側に「むこうが違反者だから」という「法的な意識」の優位さがあるからです。そして私たちは、この中井氏によって「透明化」として記述される状況のおぞましさを前にして、問わなくてならないのです。一体「加害者」と呼ばれる者たちは、どのようにしてそのような「法的な力」を手に入れるようになっていったのかと。そしてそのことを問わないと、こういう状況を打破するイメージは見えてこないように思われるのです。

● 「透明化」と「搾取」

続けて中井氏は、いじめの中で起こる金銭の搾取について次のように書いていました。

> 「透明化作戦」の過程で行われるものに「搾取」がある。特に多額の金銭の搾取である。これは実利的な意味もあるが、それにとどまらず、被害者にはさらに大きな打撃的効果がある。被害者は、金銭調達のために、すべての楽しみを捨てて、まず小遣いを、次に貯金を差し出す。その次には家庭から盗み出すか、万引きする他はない。被害者は資源を失って赤裸にされるだけでなく、家族と社会に対して重大な犯罪を犯す。これは彼にとって非常な自尊心の喪失であり、家族への裏切りであり取り返しがつかない「罪」であって、

家族・社会との最後の絆を自分の手で切り離してしまうことである。ここに「孤立化」も「無力化」も完成する。資産と権利とを失った、奴隷にして罪人であると被害者は感じる。

ここでの金銭の要求が、生徒にとっていかに大きなものであったかを知る人にとっては、何と非情で極悪な生徒がいるのだろうと思ってしまいます。しかしそんなことが起こるのは、その人間の非情さや非倫理性から来ているのではなく、あの何百万人をガス室に送ったアイヒマンのように「ドイツの法で決めた正義」に従っていたから、と考えたのと似たような状況があることに思いを寄せなくてはならないのです。そうなると、私たちはますます加害者が手に入れる「法的なもの」とは何かを知らなくてはならないことになります。

● 中井氏の「法的な状況」

ここまで、中井氏の「いじめの三段階説」を丁寧に見てきた訳ですが、ここで私の率直な感想を述べたいと思います。それは中井氏が、いじめの状況が「法的な状況」の中で起こっていることがおわかりなのに、その状況の説明をしばしば「心理的状況」として説明されているのではないか、ということへの疑問です。

というのも、中井氏は一番最初に、「子どもの世界には法の適用が猶予されている。しかし、それを裏返せば無法地帯だということである。子どもを守ってくれる『子ども警察』も、訴え出ることの出来る『子ども裁判所』もない。子どもの世界は成人の世界に比べてはるかにむきだしの、そうして出口なしの暴力社会だという一面を持っている」と書き、子どもの置かれている状況が「法」に関わる状況であることをしっかりと指摘されていたからです。さらにこうも書かれてい

ました。

　その中に陥った者の「出口なし」感はほとんど強制収容所なみである。それも、出所できる思想改造収容所では決してなく、絶滅収容所であると感じられてくる。

　しかしそういう「絶滅収容所」の問題も、私たちから見たら「人間の倫理の廃退」のように見える出来事なのに、アイヒマンらから見たら「正義の行使」にしか見えていなかったという、まさに「法の問題」に過ぎなかったということがあったのです。
　何百万円の金銭の搾取をするようないじめには、人間性の欠如があるのではと思いたくなるのですが、でも、そこに「法の問題」があることを見ずには、いじめの本当の姿は見えてこないのです。
　だからいじめの対策ということが考えられるのなら、本当は「法的な状況」への対策を示唆されなくてはならないはずでした。しかし中井氏の指示されたのは次のようなことでした。

● 中井氏の「対策」への疑問
　中井氏はこう書いています。

　このようなことを書くと、対策云々はどうなのだという問いがさっそくありそうである。私は現段階では、（アメリカの精神科医で）PTSD（心的外傷後ストレス症候群）の研究家ハーマン（ジュディス・ルイス・ハーマン）の言葉を引いて、まず安全の確保であり、孤立感の解消であり、二度と孤立させないという大人の責任ある保障の言葉であり、その実行であるとだけ述べておく。大人に対する不信感は

あって当然である。安全が確保されるまでは根掘り葉掘り事情をききだ さないことも重要であるが、一方、被害者がどんな人間であろうと、大人は、いじめは基本的に悪であり、立派な犯罪であり、道徳的には被害者の立場に立つことを明言する必要がある。そして、いじめのワナのような構造の、きみは犠牲者であるということを話してきかせ、罪悪感や卑小感や道徳的劣等感を軽くしてゆくことが最初の目標である。道徳的劣等感はふしぎなことにいじめられっ子のほうが持っていじめっ子は持たないものである。それ以上の対策は、実行なくして絵空事を描くこと自体が罪悪である。私のように初老期までその影響に苦しむことを繰り返さないように、各方面の努力を祈る。

　この短い「提案」の最初に「まず安全の確保」という言い方が提起されています。そして実はこの言葉を正面から受け留めることが、中井氏にとっても、私たちにとっても、とっても難しいことだったように思われるのです。「安全」とはなにか、「安全の確保」とはどういうことかが、問われていて、それは「心理的な安全」のことと、「法的な安全」のことの両方が問われていたからです。もし、ひどいいじめを受けていて、金銭の要求や身体への暴力を受け続けている子どもに、中井氏の言われるような「二度と孤立させないという大人の責任ある保障の言葉」というものを示そうとする時に、それが文字通りの「言葉」に過ぎないのなら、子どもの「安全感」は生まれないでしょう。でも、ただの「言葉」ではなく「大人の責任ある保障の言葉」であるとすれば、子どもの「安全感覚」は違ってきます。そうなると、その時の「大人の責任ある保障の言葉」とはどういうものかということになってきます。そこには「心理学の言葉」も含まれるでしょうが、そ

れだけでは「金銭の要求や体への暴力を受け続けている子ども」の「保障」にはなりません。その言葉を保障する力がいるのです。それは言うまでもなく「法的にまもられる安全」を語る言葉であったはずなのです。

　中井氏は、心理学的な言葉だけでは、こういう「危機の状況」から子どもを救えないと思っていました。ということは、そこに、同時に、子どもを「法的に守る手立て」を考えないといけないということになります。しかし中井氏の指摘は、そのことを「示唆」してはいても、そこを強調することはされませんでした。考え方の背後に当時並行して翻訳されていた「ジュディス・ルイス・ハーマン『心的外傷と回復』」の影響もあって、どうしても心理学的な言葉として「大人の責任ある言葉」という言い方を使わざるを得ないところがあったのかもしれません。

　現実には、カウンセリングのように「心理学の言葉で支える安全」と「法的に守られる安全」の両方で子どもたちは守られないといけないのに、ここでは前者で支える方に重点を置いて、「対策」が示唆されている感じがするのです。そして、そういう「心理学の言葉」で支える実行こそが大事とされ、「実行なくして絵空事を描くこと自体が罪悪」というきつい言葉が投げかけられているように読み取れます。そこでの中井氏の真意はどこにあったのか、そこのところを本当はもっともっと尋ねなくてはと思います。

● ふじもりたけし氏の解説への疑問

　「いじめの政治学」をわかりやすく書き換えた『いじめのある世界に生きる君たちに』（中央公論新社、2016年）の構成・編集者ふじもりたけし氏は、「あとがき」で次のように書いていました。

いじめの対策について、中井さんは注意深く、具体策をこと細かくあげることを避けました。しかし、「いじめられている子どもの安全の確保」から始まる最小限の言葉には、簡にして要を得る見事さがあります。

この「あとがき」を読みながら、果たして中井氏は、ふじもり氏のこのような「解説」を望んでおられたのかと疑問に思いました。本当にここには「簡にして要を得る見事さ」というようなことだけを読み取ってすませていいのか、と思ったからです。中井氏が「実行なくして絵空事を描くこと自体が罪悪」というきつい言葉に籠めたものは、この本に「簡にして要を得る見事さ」のような「評価」をしてもらうことではなかったのではないでしょうか。

● 「法的な状況」へ

終わりに向けて再度、中井氏の議論が鋭く核心に向かっていながら、いじめが「法的な状況」の中で実行されていることへの、読者への注意喚起がなかったことに注意しておきたいと思います。唯一「いじめの罠のような構造の、きみは犠牲者である」というようなことが指摘されているところがあるのですが、それは「いじめのワナのような構造」と婉曲に言われるようなものではなく、子どもたちが意図的に利用している「法的な状況」のことでした。そのことをはっきりと言わないと、必要な「対策」を立てることが出来ないのです。もし、大人で、ハラスメントやドメスティック・バイオレンス（配偶者や恋人など親密な関係にある人による暴力）を受けている人がいたとしたら、その人に「まず安全の確保であり、孤立感の解消であり、二度と孤立させないという大人の責任ある保障の言葉であり、その実行である」という

ことを実行しようとしたら、「言葉」だけでは少しも「安全の保障」にはならないことは誰もがわかってきています。彼らに「身の安全」を保障するような「大人の責任ある保障の言葉」を示したいのなら、それはその人を「法的に守る場所に移動させる言葉」でなくてはならないからです。それは対策者が「法的なもの」としっかりと向かい合っているということを言葉で説明することです。

　しかし中井氏がここで「対策」として持ち出している「言葉」は、心理学的な言葉に過ぎないような、ある意味では「カウンセラーの使う言葉」としてイメージされているかのように見えます。「カウンセラーの使う言葉」で状況が説明されると、いじめられている立場のことはよくわかると思います。中井氏も最後に「ひょっとすると、この一文はいじめられっ子に、他の誰よりもよく理解してもらえるのではないかという気がする」と。確かにそうだと思います。それは偶然にそうなっているのではなく、中井氏がひたすらに「被害者」の立場を「いじめの三段階」として「説明」されていて、「加害者」のよりどころにしている「法的なもの」を追求しなかったところから来ているからだと思います。ほんとうは、被害者がよくわかる、というだけではなく「加害者」の位置もよくわかるように「いじめ」の問題は論じられ考察されなくてはならなかったのではないか、と私は思っています。

● **小学三年生が大事**

　私は中井氏が「ルールに従って遊べるのが四年生であるとしたら、その前年である三年生が非常に重要であるはずだ」と書いていたところが、いじめ「対策」を考える上で何よりも大事だと思ってきました。本当の「対策」はここから始めなければいけないと思います。つまり10歳から「法の人」として旅立つための準備が始まるからです。

第10章 「いじめ論」――本を読む、深くふかく読む

**コラム** ラ・ボエシ『自発的隷従論』を読む

● 「隷従」について

　中井久夫氏が、いじめの過程を「孤立化」「無力化」「透明化」という三段階に分け「これは実は政治的隷従、すなわち奴隷化の過程である」と指摘されてきたことは見てきた通りです。私はこの指摘を受けて、あらためて「隷従」や「奴隷」というあり方について考える機会を与えられたという気がしました。

　そうして「隷従」について調べてゆく中で、心に止まった一冊の小さな本がありました。エティエンヌ・ド・ラ・ボエシ『自発的隷従論』です。

　32歳の若さで亡くなった作者、ボエシ（1530－1563）はモンテーニュの親友で、16歳か18歳の時に、この原稿を密かに書いたと言われています。その原稿をモンテーニュが後に『エセー』の中で紹介し、現代に入ってフランスの哲学者、シモーヌ・ヴェイユやフランスの人類学者、ピ

図10－4　エティエンヌ・ド・ラ・ボエシ『自発的隷従論』表紙。ちくま学芸文庫、2013年。
　　フランス語版の初版は1549年に出版された。

エール・クラストルがそれを取り上げ高く評価してきたので、改めて注目された本でした。

　彼はそこでこう書いています。

　私は、これほど多くの人、村、町、そして国が、しばしばただひとりの圧政者を耐え忍ぶなどということがありうるのはどのようなわけか、ということを理解したいだけである。その者の力は人々がみずから与えている力にほかならないのであり、その者が人々を害することができるのは、みながそれを好んで耐え忍んでいるからにほかならない。その者に反抗するよりも苦しめられることを望むのでないかぎり、その者は人々にいかなる悪をなすこともできないだろう。

　またボエシは続けて以下のように書いています。

　そんなふうにあなたがたを支配しているその敵には、目が二つ、腕は二本、からだはひとつしかない。（略）あなたがたを監視するに足る　多くの目を、あなたがたが与えないかぎり、敵はどこから得ることができただろうか。あなたがたを打ち据えるあまたの手を、あなたがたから奪われば、敵はどのようにして得たのか。（略）敵があなたがたにおよぼす権力は、あなたがたによる以外、いかにして手に入れられるというのか。

● 隷従の罠
　若きボエシは、誰かに隷従するというのは、その相手に自

> 分から協力している仕組みがあるのだと考えました、それを「自発的な隷従」と呼んだのです。陰湿ないじめの恐いところは、どこかでいじめをする相手に一度でも「協力」するところがあって、その協力関係を逆手にとられて、操られる経過が出来てしまうところでした。こういう「隷従」の罠から逃れるには、自分たち一人ひとりが「法（関係の平等さ）」を意識し、「法の人」として自分たちを立ち上げてゆく以外にはないことを、この書から読み取ることが出来ると思います。
> 　ボエシの『自発的隷従論』と中井氏の「いじめの政治学」と合わせて読むことで、いじめの深層のさらなる理解を得られるのではないかと私は思いました。

---

＊中井久夫　1934年、奈良県に生まれる。京都大学医学部卒業。精神科医。詩人。中井の原風景は、奈良盆地にある。そこは、天理教の教祖・中山ミキの出生地でもある。
＊エティエンヌ・ド・ラ・ボエシ　1530年、フランス、サルラ＝ラ＝カネダに生まれる。オルレアン大学に進み、裁判官となる。ミシェル・ド・モンテーニュは、同僚で友人。1563年、エティエンヌの死にモンテーニュは深い悲しみに沈んだと伝えられる。

## 終章

# 思想としてのいじめ

私の「いじめ」についての考察は、『13歳論　子どもと大人の「境界」はどこにあるのか』(洋泉社、1999年) が出発でした。「13歳」という「刑法の罰を受けない年齢」の設定をどう考えるといいのか、「思想としての13歳」に初めて取り組んだ本でした。確かな手応えをつかんだ本でしたが、大きな宿題を抱え込んだ本でもありました。

　その「宿題」に向かい合うには、「時」が来るのを待つしかなかったのですが、そんなある日、この『13歳論』を持ってエディシオン・アルシーヴの西川照子さんが研究室にやって来られました。課題は「いじめ」でした。その「時」が来たのだと思いました。
　「13歳」の問題が、「罪を問わない領域（年齢)」を人類が設定したことの問題であることに気が付くまでは、やはり時間が必要でした。そして、この「罪を問わない領域」で先鋭化してきたのが「いじめ」であることに認識を進めるまでにも時間がかかりました。そしてわかってきたことは、いじめを個々の事例の分析や研究だけで済ませてはいけないということでした。問題は、「いじめの起こる領域」そのものが、「罪を問わない領域」としてある、ということでした。その領域をどうしたら「罪を問う領域」として受け留められるのかという矛盾した問題としてあることが次第に見えてきたのです。
　だから「いじめ」という問題が、日本だけの問題としてあるのではなく、「罪を問わない年齢」を設定してきた世界史の大問題としてあるのだということ、つまり「思想としてのいじめ」が問題としてあるのだということでした。そのことがこの本でようやく指摘出来るようになったと私は感じています。

　序章でも触れたように、三島由紀夫が『午後の曳航（えいこう）』で、首領とな

終章　思想としてのいじめ

る子どもが、「刑法第41条」を読み上げ、みんなに語ったことは、序章で引用しておきました。しかしそこにはまだ続きがありました。それは次のようなものでした。

　この中で、来月十四歳になるのは、僕と一号と三号だよな。のこりの三人も三月には十四歳になる。考えてもみろよ。僕たち全部にとって。今が最後の機会なんだ。
　首領はみんなの顔を窺(うかが)ったが、いくらか張りつめた頬が和いで、恐怖が薄らいでゆくのが見てとれた。一人一人が外側の社会、仮構の社会の、手厚い温かな取扱いにはじめて目ざめ、何よりも確実に敵によって護られているのを感じたのである。
　（中略）
　今を失ったら、僕たちはもう一生、盗みも殺人も、人間の自由を証明する行為は何一つ出来なくなってしまうんだ。お座なりとおべんちゃらと、蔭口と服従と、妥協と恐怖の中に、来る日も来る日もびくびくしながら、隣り近所へ目を配って、鼠の一生を送るようになるんだ。

『午後の曳航』新潮文庫、1968年

この自慢気に殺人を計画する少年たちに「大人たちの作った童話」「危険な童話」と言わしめた「13歳までの領域（私の言う「青の領域」）」にいる少年たちを批判するのは容易なのですが、この「大人の童話」と呼ばれた「青の領域」の抱える思想的な課題に向き合うのは、決して容易ではありません。しかしその「思想的課題」に向き合わなくてはという思いがこの本を書かせてきたと今になって思います。「二分の一成人式パスポート」など、工夫すれば教室の現場で使ってもらえ

そうなアイデアも考えました。この本が一方的ないじめ論や教師批判、学校批判に終わっていないと思うところです。

またこの本では、「いじめ論」に、幾つもの現代思想に通じる視座を提供出来たらと思ってきました。その一つに、「青の領域」での、「小さな正しさ」のぶつかり合いへの視座がありました。しかしその視座は新たな宿題を投げかけています。「小さな正しさ」つまり「小さな正義」とは何か、さらに言えば、そもそも「正義」とは何か、どこから正義は生まれ、主張されるのか、というような問いかけです。アメリカの哲学者、ジョン・ロールズなど難しい「正義論」に関わる人たちに問いたいのです。「いじめはもっとも"初源の正義"に関わる重要な出来事ではなかったのですか」と。この「問」を、「法の人」「公共の人」になるとはどういうことかという「問」などに含め、「いじめ論」の新たな地平に投げかけておかなくてはと思いながらこの本を作ってきました。

ところでこの本が出来るまでには、今まで経験したことがないような紆余曲折がありました。西川さんと最初のやりとりでつくり上げた原稿は、事情があって、そのままでは本に出来なかったからです。そのため西川さんには大変悔しい思いをしていただくことになりました。しかし、その原稿を前編として、後編をどうしても書く必要もあり、それも再び、西川さんは共闘してつくろうと言ってくださいました。本当に感謝でした。その後、前編となる原稿は、言視舎の杉山尚次氏のご厚意によって『いじめの解決　教室に広場を』として、「広場」の必要性を訴える本として出版していただき、そして後編は、いじめを人類史的な課題をもった「青の領域」から生じる問題として、視野を広げ、原理を求める本として出版していただくことになりました。

終章　思想としてのいじめ

　本当にありがたいことでした。ただ一つ残念なことは、原稿の分量が多くなってしまい、全体の100頁ほどを削らなくてはならなくなったことです。削った原稿も、またどこかで見ていただけるように出来たらと思っています。

　でも、こうして出来た前編・後編二つの本を合わせて読んでいただくことで、世界規模で長く続いてきている「いじめ」「いじめ死」の問題に、根本の見方とその対応策を提示出来たと思っています。ただこういう試みが出来た背後には裏方として絶えず著者の無理を聞いて下さり、著者の考え方を支えて下さった西川照子さんの存在がありました。改めて感謝申し上げます。そしてアルシーヴのスタッフのみなさん、デザイナーの木野厚志さんにもたくさんご苦労をお掛け致しました。本当にありがとうございました。

『13歳論　子どもと大人の「境界」はどこにあるのか』表紙
　1999年の、この「論」の中に既に本書の素描は出来上がっている。それをより緻密に、より子どもたちにこころを寄せて表現したのが本書である。

# 主要参考文献

1 「いじめ」論

　いじめを論じる基準を5つ取り出した。

　①教室に「法の場」を見ようとしているか。②「先生の力」を取り戻そうとしているか。③「クラスの力」を取り戻そうとしているか。④「法の人」を育てようとしているか。⑤いじめの始まる時期を重視しているか。

　この基準に従えば、以下の本のどこに私が共感し、どこに批判的であるか、わかるはず。

小林さえ『ギャング・エイジ』誠信書房、1968年。
森田洋司・清永賢二『新訂版　いじめ　教室の病い』金子書房、1994年。
日本弁護士連合会『いじめ問題ハンドブック　学校に子どもの人権を』こうち書房、1995年。
『現代のエスプリ別冊　いじめ自殺』至文堂、1999年。
『imago　特集　いじめの心理　1995・2月号』青土社、1995年。
小浜逸郎　諏訪哲二編著『間違いだらけのいじめ論議』宝島社、1995年。
『現代の教育第4巻　いじめと不登校』岩波書店、1998年。
高徳忍『いじめ問題ハンドブック　分析・資料・年表』柘植書房新社、1999年。
山脇由貴子『教室の悪魔』ポプラ社、2006年。
山口昌男『いじめの記号論』岩波現代文庫、2007年。
森口朗『いじめの構造』新潮新書、2007年。
内藤朝雄『いじめの構造』講談社現代新書、2009年。
森田洋司『いじめとは何か』中公新書、2010年。
『現代思想　緊急復刊imago　特集　いじめ　2012・12月号』青土社、2012年。
尾木直樹『いじめ問題をどう克服するか』岩波新書、2013年。
諏訪哲二『いじめ論の大罪』中公新書ラクレ、2013年。
荻上チキ『ネットいじめ』PHP新書、2008年。
荻上チキ『いじめを生む教室』PHP新書、2018年。
中井久夫『いじめのある世界に生きる君たちへ』中央公論新社、2016年。
中井久夫『いじめの政治学』「中井久夫集6」みすず書房、2018年。

2　世界の「いじめ」

　世界のいじめ研究が優れているという訳ではない。移民や宗教や人種や言語の違いなどから起こるいじめを、納得のいくように説明している研究書は決し

て多くはない。そんな中で、いろんな事情で起こる軋轢をひっくるめて「いじめ」と呼び、その対策を提案するのはどこか違うような気がする。疑問符も交じえながら本を選んでみた。

ダン・オルウェーズ『いじめ こうすれば防げる──ノルウェーにおける成功例』川島書店、1995年。
ピーター・K・スミス、ソニア・シャープ『いじめととりくんだ学校』ミネルヴァ書房、1996年。
森田洋司監修『世界のいじめ』金子書房、1998年。
清永賢二編『世界のイジメ』信山社、2000年。
森田洋司監修『いじめの国際比較研究』金子書房、2001年。
ピーター・K・スミス他『いじめととりくんだ国々』ミネルヴァ書房、2005年。
ダン・オルヴェウス『オルヴェウス・いじめ防止プログラム』現代人文社、2013年。
ピーター・K・スミス他『学校におけるいじめ』学事出版、2016年。
ハンナ・アーレント『イェルサレムのアイヒマン──悪の陳腐さについての報告』みすず書房、1969年（新版、2017年）。
エティエンヌ・ド・ラ・ボエシ『自発的隷従論』ちくま学芸文庫、2013年。
ジュディス・ルイス・ハーマン『心的外傷と回復』〈増補版〉みすず書房、1999年。

3 「いじめ」対策
　主にクラスの力を借りていじめの対策に取り組んでいる先生たちの本を紹介。そしていじめる側の生徒との関わりも大事にして、何よりも、いじめる側といじめられる側の双方の言い分を、話し合いで見えるようにしている取り組みの本を紹介。

坂本光男・三木勲『いじめをする子との対話』明治図書、1992年。
向山洋一『いじめの構造を破壊せよ』明治図書、1991年。
向山洋一編著『「いじめ」は必ず解決できる』扶桑社、2007年。
河上亮一他『プロ教師のしつけ論』洋泉社、1997年。
麻生信子編著『いじめの解決』日本標準、2007年。
平墳雅弘『生徒が生徒を指導するシステム』学陽書房、2003年。
平墳雅弘『日本初「子ども裁判」の実践』国土社、2009年。
平墳雅弘『子どもが解決！ クラスのもめごと』太郎次郎社エディタス、2014年。
日本弁護士連合会子どもの権利委員会編『子どものいじめ問題ハンドブック』明石書店、2015年。
加納寛子編著『ネットいじめの構造と対処・予防』金子書房、2016年。

「特集　いじめと人権」『ジュリスト　No.836』有斐閣、1985年。


4　「いじめ」事件
　　実際に起きた「事件」を丁寧に取材している本の一部を紹介。

朝日新聞社社会部著『「葬式ごっこ」』東京出版、1986年。
豊田充『葬式ごっこ　八年後の証言』風雅書房、1994年。
豊田充『「葬式ごっこ」から二十一年』朝日新聞社、2007年。
『総力取材　いじめ事件』毎日新聞社、1995年。
中日新聞本社・社会部編『清輝君がのこしてくれたもの』海越出版社、1994年。
豊田充『清輝君がみた闇　いじめの深層は』大海社、1995年。
朝日新聞西部本社『11歳の衝動　佐世保同級生殺害事件』雲母書房、2005年。
岡崎勝・保坂展人『佐世保事件からわたしたちが考えたこと』ジャパンマシニスト、2005年。
川名壮志『謝るなら、いつでもおいで　佐世保小六女児同級生殺害事件』新潮文庫、2018年。
共同通信大阪社会部『大津市中2いじめ自殺』PHP新書、2013年。


5　非行
　　いじめという切り口ではなく、「非行」という出来事から少年たちに寄り添って対応してきた人たちの記録。

『別冊ジュリスト　少年法判例百選　No.147』有斐閣、1998年。
後藤弘子編『少年非行と子どもたち』明石書店、1999年。
石井小夜子『少年犯罪と向きあう』岩波新書、2001年。
藤川洋子『「非行」は語る』新潮選書、2002年。
藤川洋子『少年犯罪の深層』ちくま新書、2005年。
藤原正範『少年事件に取り組む』岩波新書、2006年。
「特集1　少年法改正」『ジュリスト　No.1341』有斐閣、2007年。
廣瀬健二編『少年事件重要判決50選』立花書房、2010年。


6　「いじめ」を描いた文学作品
　　「いじめ」を理解するのに最も適した文芸書。

宮沢賢治「カイロ団長」『宮沢賢治全集5』所収、ちくま文庫、1986年。

宮沢賢治「猫の事務所」『宮沢賢治全集8』所収、ちくま文庫、1986年。
ローベルト・ムージル『寄宿生テルレスの混乱』光文社古典新訳文庫、2008年。
谷崎潤一郎『少年の王国』中公文庫、1998年。
ヘルマン・ヘッセ『デーミアン』光文社古典新訳文庫、2017年。
吉野源三郎『君たちはどう生きるか』岩波文庫、1982年。
柏原兵三『長い道』中公文庫、1989年。
大今良時『聲の形1〜7』講談社、2013年。
フランツ・カフカ『変身／掟の前で　他2編』光文社古典新訳文庫、2007年。

7　先生・教育の立場から
　かつて「管理教育」という冠を付けて活動した先生たちの言動を集めた本を紹介。これらの著者は、教室を「法の場」として意識し始めた最初の先生たちだが、「管理教育」「プロ教師」などという言葉を冠したばかりに誤解されてきた。しかし「クラスの力」を求め、生徒と向き合った実践が書かれている。

小浜逸郎『症状としての学校言説』JICC出版局、1991年。
別冊宝島編集部編『プロ教師の管理教育・入門』宝島社、1991年。
斎藤次郎『気分は小学生』岩波書店、1997年。
別冊宝島編集部編『プロ教師の教育改革総点検！』宝島社、1995年。
プロ教師の会『なぜ授業は壊れ、学力は低下するのか』洋泉社、2001年。
プロ教師の会『学校の教育力はどこにあるのか』洋泉社、2001年。
プロ教師の会『だれが教育の責任をとるのか』洋泉社、2002年。
プロ教師の会『学級はどう崩壊するか』洋泉社、2003年。
プロ教師の会編著『教育大混乱』洋泉社新書、2007年。


8　少年法・子どもの権利条約
　少年法の多くは14歳以上の少年たちの非行の取り扱いをめぐって動いてきた。そのため少年法は、10歳から13歳までを正面から相手にしにくいところがある。「子どもの権利条約」も、子どもには権利があるというのに、小学校時代（私の言う「青の領域」）のその法的な根拠を示すことが出来ていない。それは、電車の座席には座る権利があると言いながら、指定席の切符（青の領域の法的根拠）を渡さないので、誰もどこにも座ることが出来ない。そこをどうするか模索中の本。

『現代のエスプリ　児童の権利条約』至文堂、1992年。
森田明・石川稔編『児童の権利条約』一粒社、1995年。

中野光編著『子どもの権利条約』岩波ジュニア新書、1996年。
小沢牧子『子どもの権利・親の権利』日外教養選書、1996年。
石井小夜子他『新版　少年法・少年犯罪をどう見たらいいのか』明石書店、2001年。
子どもの権利条約総合研究所編『川崎発　子どもの権利条約』エイデル研究所、2002年。
近藤二郎『決定版　コルチャック先生』平凡社ライブラリー、2005年。
守山正・後藤弘子『ビギナーズ少年法　第2版補訂版』成文堂、2010年。
丸山雅夫『第2版　少年法講義』成文堂、2010年。
子どもの権利条約NGOレポート連絡会議『子どもの権利条約から見た日本の子ども』現代人文社、2011年。
後藤弘子監修『よくわかる少年法』PHP、2016年。
田宮裕・廣瀬健二編『第4版　注釈少年法』有斐閣、2017年。

9　法

「法」は決して自明ではないのだということについての学びの本。出来上がったルールや法を子どもに教えることを「法教育」と言ったり、「子ども法」と呼んだりしているが、それは大人のつくった「法」を教えるだけのもので、本当は子どもたちがつくる法（掟）の存在も学ぶ必要がある。

『現代思想　特集　フィクションとしての法　1986.6月号』青土社、1986年。
『現代思想　特集　法とはなにか　1997.8月号』青土社。
齋藤純一『公共性』岩波書店、2000年。
全国法教育ネットワーク編『法教育の可能性』現代人文社、2001年。
藤本哲也編著『諸外国の修復的司法』中央大学出版部、2004年。
守中高明『法』岩波書店、2005年。
篠原清昭編著『学校のための法学　第2版』ミネルヴァ書房、2008年。
細井洋子他編『修復的司法の総合的研究』風間書房、2006年。
江口勇治他編『小学校の法教育を創る』東洋館出版社、2008年。
教師と弁護士でつくる法教育研究会『教室から学ぶ法教育』現代人文社、2010年。
棚村政行『子どもと法』日本加除出版、2012年。
大村敦志他『子ども法』有斐閣、2015年。
阪田仰『改訂版　学校と法』放送大学教育振興会、2016年。
尾形勇『歴史学事典　9　法と秩序』弘文堂、2002年。
ジャック・デリダ『法の力』法政大学出版局、1999年。
ジャック・デリダ『カフカ論──「掟の門前」をめぐって』朝日出版社、1986年。
船山泰範『改定版6版　刑法がわかった』法学書院、2017年。

10 少年警察
　　教師があまり手に取ってみようとはしない分野の本。丁寧に書かれている。

武石道男『少年警察の実務101問　補訂』立花書房、1988年。
日本弁護士連合会子どもの権利委員会『少年警察活動と子どもの人権』日本評論社、1998年。
丸山直紀『注解　少年警察活動規則』立花書房、2008年。
大塚尚『少年警察ハンドブック』立花書房、2018年。
少年非行問題研究会『3訂版　わかりやすい少年警察活動』東京法令出版、2018年。
長尾敏成監修『警察官のための生活安全相談の手引き』新日本法規、2018年。


11　警察
　　国家警察と市民警察の区別が気になる。戦時下になれば、市民警察は国家警察になる。根っこは一つなのだからと。しかし根っこは一つではなく多数ある。イギリスの警察の成り立ちと、大陸の警察の成り立ちは、ずいぶん違っている。日本では明治に大陸型の警察組織を取り入れて来た。

林田敏子『イギリス近代警察の誕生――ヴィクトリア朝ボビーの社会史』昭和堂、2002年。
大日方純夫『日本近代国家の成立と警察』校倉書房、1992年。
大日方純夫『警察の社会史』岩波新書、1993年。
大日方純夫『近代日本の警察と地域社会』筑摩書房、2000年。
安藤忠夫・國松孝次・佐藤英彦『警察の進路――21世紀の警察を考える』東京法令出版、2008年。
菊池良生『警察の誕生』集英社新書、2010年。
大日方純夫・林田敏子編著『近代ヨーロッパの探究　13　警察』ミネルヴァ書房、2012年。


12　番外
　　ドキッとする書き出し。誤解をしなければ、こころに深く届く「いじめ論」。

吉本隆明「いじめ自殺　あえて親に問う」『「芸術言語論」への覚書』所収　李白社、2008年。


＊引用文は読みやすくするため、「原文そのまま」、「意訳したもの」、「部分引用」等、適宜分けて引用した。引用文自体に誤り・不統一がある場合は、編集部で整理した。

# 索　引

## あ　行

アーレント，H.　249
アイヒマン，A.　249, 252
青木美希　27
青の領域　5-7, 263, 264
『謝るなら、いつでもおいで』　73, 76, 83, 84, 87
『アリアドネからの糸』　238, 239
『イェルサレムのアイヒマン――悪の陳腐さについての報告』　249
意見表明権　226, 230
いじめアンケート　14, 15, 135, 142, 147
『いじめ　教室の病い』　19, 185
いじめ死　6, 7, 11, 12, 235, 265
『いじめとは何か』　18
『いじめの解決　教室に広場を』　19, 25, 241, 264
いじめの三段階（説）　240, 245, 251, 256
「いじめの政治学」　7, 238, 239
いじめ防止対策推進法　16, 17, 179, 183
『いじめをする子との対話』　113
イスラム　26, 28, 29
『田舎医者』　37
移民排斥　28, 29
インターネット（ネット）　17, 85-87, 181, 194
インフォームド・コンセント　134, 135
ヴェイユ，S.　257
ヴェルヌ，J.　230, 232
『エセー』　257
大久保小学校　76
隠岐忠彦　35
大津市いじめ自殺事件　247

## か　行

『カイロ団長』　20, 23, 129
カウンセラー　149, 205, 217, 256
カウンセリング　254
柏原兵三　241
学級崩壊　40, 105
学校警察連携制度ガイドライン　199
「学校と警察等との連携」　192, 193
家庭裁判所　4, 75, 84, 209, 211-213, 228, 229
金子みすゞ　90
カフカ，F.　37
川名壮志　73, 76, 83, 84, 87
『寄宿生テルレスの混乱』　25
『気分は小学生』　102, 103
ギャング・エイジ　33-35, 37, 40, 100, 132, 168
教育委員会　98, 147, 149, 198-201
『教室の悪魔』　19
教室の荒れ　40
教室の二重性　13, 44
強制収容所　238
清永賢二　185
ぐ犯少年　212
クラス会　47, 113, 134, 138-143, 145-149, 153, 155, 157, 176, 177, 187, 195, 202, 228
クラストル，P.　257
グループ　23, 26, 33, 36, 50, 52-58, 61, 62,

273

66, 67, 73, 136, 168-174, 181, 185, 233, 241, 244

刑法　　2-5, 107, 156, 198, 210-212, 214-216, 218, 262, 263

『午後の曳航』　　3, 4, 262, 263

『こちら葛飾区亀有公園前派出所』　　219

ごっこ（遊び）　　13, 14, 109-113

子ども警察　　7, 238, 239, 251

子ども裁判所　　7, 238, 239, 251

子どもの権利条約　　225, 229, 230

子ども法　　12, 66, 67, 72, 100, 101, 104, 106-108, 110, 113, 168-176, 185, 217, 228

孤立化　　240-244, 251

## さ 行

斎藤次郎　　102, 103, 107-113

坂本光男　　113

搾取　　253, 255

佐世保小六女児同級生殺害事件　　→長崎県佐世保市女子児童殺害事件

鹿川君事件　　50, 192

自殺（自死）　　10-12, 26, 27, 37, 46, 50-53, 58, 60-66, 68, 72, 89, 151, 192, 199, 204, 223

児童期　　34, 35

児童自立支援施設　　76, 212

児童相談所　　4, 75, 98, 193, 209, 211-218, 228

『自発的隷従論』　　257

社会性　　34

宗教差別　　27

『十五少年漂流記』　　230, 231, 233, 234

『13歳論』　　262, 265

集団性　　34

少年警察活動　　220, 221, 223, 224

少年警察活動規則　　220, 221, 222

少年事件手続き　　211, 212

少年法　　4-6, 16, 208-212, 214-218, 220, 222, 223, 225, 228-230

触法少年　　76, 211, 212, 222

人種差別　　25, 27

『心的外傷と回復』　　254

スクールカウンセラー　　143, 149, 205

スマホ　　136, 145

精神鑑定　　75, 76

青年期　　34, 35

責任年齢　　2

ゼロトレランス　　175

選択的非注意　　245, 246

葬式ごっこ　　13, 50-52, 58-62, 64, 89, 192, 243

葬式ごっこいじめ自殺事件　　→鹿川君事件

## た 行

体罰　　43, 46, 94, 125, 204

『地図から消される街』　　27

『知への意志』　　70

（いじめの）定義　　16-19, 23, 24, 26, 181, 182

『デーミアン』　　25

道徳　　94, 149-155, 157-159, 183, 184, 209, 253

道徳的劣等感　　253

透明化　　240, 245-247, 250

ドメスティック・バイオレンス　　255

## な 行

中井久夫　　7, 238-245, 247

『長い道』　241
長崎県佐世保市女子児童殺害事件　72, 73
中野富士見中学校　50, 52, 53, 62, 63, 192
二分の一成人式　143-146, 156, 263
『猫の事務所』　160
ノルウェー連続テロ事件　28

## は 行

ハーマン, J.　252, 254
パスワード　86, 95-97
パソコン（PC）　15, 73-77, 136, 145
波多野完治　233
『バトル・ロワイヤル』　73, 75, 88
ハラスメント　15, 150, 156, 217, 255
犯罪少年　212, 214
PTSD（心的外傷後ストレス症候群）　252
被害届　196-198
比較の三角形　165, 167, 186
非行　4, 6, 33, 200, 201, 209-218, 220-224, 229
広場　7, 19, 47, 48, 134, 142, 143, 147, 149, 153, 155, 157, 174, 176-178, 228, 264
フーコー, M.　70
福島原発いじめ　27
ふじもりたけし　254
ブルデュー, P.　29
ブログ　74, 77, 79, 86

ヘッセ, H.　25
『ボイス』　75
ホームページ　84, 85, 96
保護処分　4, 209, 210, 212
補導　4, 141, 213, 220, 224

## ま 行

丸山直紀　221
三木勲　113, 114, 123, 125, 126, 129
三島由紀夫　3, 262
宮沢賢治　20, 132, 160
ムージル, R.　25
無力化　240, 243, 244, 251
百石小学校　102, 103
森田洋司　18, 23, 25, 176, 185
モンテーニュ, M.　257, 259
文部科学省（文科省）　14-16, 18, 19, 23, 24, 46, 69, 135, 147, 149, 151, 159, 192, 199-201, 204, 205, 218

## や・ら・わ 行

山脇由貴子　19
ユダヤ人　249
与謝野晶子　234, 235
ラ・ボエシ, E.　257
ロールズ, J.　264

《著者紹介》

村瀬　学（むらせ　まなぶ）

同志社女子大学特任教授（生活科学部人間生活科）

1949年、京都府に生まれる。
1968年、同志社香里高等学校卒業。
1972年、同志社大学文学部卒業。
1975年、交野市立心身障害児通園施設「あすなろ園」、のちの「こどもゆうゆうセンター」に勤務。
1995年、同志社女子大学生活科学部人間生活科助教授(児童文化)
2000年、同志社女子大学生活科学部人間生活科教授。
2015年より現職。

主な著書に、『初期心的現象の世界』『理解のおくれの本質』『子ども体験』（以上、大和書房）、『「いのち」論のはじまり』『「いのち」論のひろげ』『13歳論』『「食べる」思想』（以上、洋泉社）、『なぜ大人になれないのか』(洋泉社・新書y)、『子どもの笑いは変わったのか』『10代の真ん中で』(岩波書店)、『「あなた」の哲学』(講談社新書)、『自閉症』(ちくま新書)、『宮崎駿の「深み」へ』『宮崎駿再考』(平凡社新書)、『次の時代のための吉本隆明の読み方』『徹底検証 古事記』『古事記の根源へ』『鶴見俊輔』『『君たちはどう生きるか』に異論あり』『いじめの解決 教室に広場を』（以上、言視舎）などがある。

・・・・・・・・・・・・・・・・・・・・・・・・・・・・・

　若い頃「すべてはつながっている」というゲーテの一文に触れ、妙に感動した覚えがあります。「すべては」か、と思ったからです。今では「すべては」だったんだ、と実感しています。

思春期のこころと身体Q&A ②
いじめ
――10歳からの「法の人」への旅立ち――

| 2019年4月30日初版第1刷発行 | 〈検印省略〉 |
|---|---|
| | 価格はカバーに表示しています |

著　者　　村　瀬　　　学
発行者　　杉　田　啓　三
印刷者　　坂　本　喜　杏

発行所　株式会社　ミネルヴァ書房
　　　　607-8494 京都市山科区日ノ岡堤谷町1
　　　　　　　　 電話代表（075）581-5191
　　　　　　　　 振替口座　01020-0-8076

Ⓒ村瀬 学, 2019　　冨山房インターナショナル・清水製本

ISBN 978-4-623-08254-4
Printed in Japan

―― 子どもから大人へ、その成長を援ける ――
## ＜思春期のこころと身体Q&A＞
## 全 5 巻

### ① 思春期
深尾憲二朗 著

### ② いじめ
村瀬　学 著

### ③ 摂食障害
深井善光 著

### ④ 心身症
高尾龍雄 編著

### ⑤ 発達障害
十一元三 監修　　崎濱盛三 著

―― ミネルヴァ書房 ――
http://www.minervashobo.co.jp/